U0947899

国际战略形势与中国国家安全

2011/2012

国防大学战略研究所

时事出版社

编辑委员会

（以姓氏笔画为序）

目　录

变化的世界与中国国家安全

唐永胜*

近年来世界局势的发展变化迅速而深刻。恐怖主义威胁的扩散、非传统安全问题增多、俄格冲突及欧洲地缘关系调整、波及全球的金融危机、新兴大国的快速发展、G20 的出现、欧洲债务危机、北非中东政局动荡等，诸多重大事变交织在一起，极大地推动了国际体系的变迁，[①] 并深刻影响到主要国家的战略调整。2011 年的世界呈现出更加纷乱的局势。与此同时，中国的经济实力和综合国力全面增强，国际影响力大幅提升，需要在国际联系中实现的利益明显增多。中国与世界的关系已发生了重大变化，甚至可以说进入深度调整的关键阶段，并对国家安全战略筹划提出了非常高的要求和严峻的挑战。

* 唐永胜，国防大学战略研究所副所长，教授。

① 考察国际体系变迁需要较长历史尺度衡量，当前这次变迁应该开始于冷战结束之后。而在沃勒斯坦看来，更是从 20 世纪 70 年代初开始，世界体系已经进入大变迁，并以此预见美国的霸权将不可避免地走向衰落。See Immanuel Wallerstein, *The Decline of American Power*, The New Press, 2003.

一、变化的世界与中华民族的伟大复兴

当前的世界正在发生空前深刻的变化，不仅表现在国际力量格局经历着明显的改变，更重要的是国际关系的性质已经充实进许多新内容。[①] 世界的整体性和国际关系的复杂性日趋明显；资本、商品及思想在全球渗透，其迅捷程度超出一般想象；各种全球性问题和威胁不断出现，一些新因素和原本经常被忽视的因素和角色在国际局势的演进中发挥着越来越显著的作用，凡此种种，在变化着的世界中，维护国家安全面临新任务并需要做出新的战略选择。

面对迅速变化的国际局势，中国要想在21世纪里有大的作为，实现民族的伟大复兴，就不应仅在国际竞争和互动的一般技巧上下工夫，更重要的是及时认清世界政治的特征演变和发展大势，从而激发出更大的战略智慧，敏锐洞察未来世界可能的走向，及时消除自身存在的不适合未来发展的种种弊端，谋求社会的全面发展，维护国家的安全和利益。换言之，战略的使命，不是也不可能是为世界设计某种自以为

---

① 近来关于国际体系演变和转型的分析逐渐深入，如林利民：“21世纪国际体系转型析论”，《现代国际关系》，2009年第6期；袁鹏：“国际体系变迁与中国的战略选择”，《现代国际关系》，2009年第11期；美国国家情报委员会：《全球趋势2025：转型的世界》，时事出版社，2009年版；杨洁勉：“论‘四势群体’和国际力量重组的时代特点”，《世界经济与政治》，2010年第3期；Henry A. Kissinger, “The Three Revolutions,” *The Washington Post*, April 7, 2008.

是的结局，谁也不能“凭借国家的力量把自己的奇思妙想、周密蓝图强加于客观世界，而只能审时度势，做历史发展允许做的事。”① 与此同时，世界的不确定性也空前突出，用过去习惯的过于简约的理论分析方法已不能很好地反映国际关系的现实发展，尤其是国家间相互联系的增强及其对整个世界体系产生的广泛影响，一系列过程积累起来已经构成了人类历史上的伟大变革，其影响具有空前的基础性和渗透性，要认识其内在逻辑需要视通万里，观察其发展演变的整个过程，而避免受静态方式和固定思维的束缚。

从目前情况及发展趋势看，对中国安全战略选择已产生重大影响的世界政治特征演变，主要表现在以下几个方面：

第一，世界的整体性增强。随着国际联系的不断增强，国际体系对作为个体的国家的影响逐步强化，任何国家，其中包括中国也包括美国，都应适应世界整体性带来的约束，顺应世界发展大势以求获取自身的利益。世界整体性增强，必然削弱大国的特殊性。布热津斯基就曾指出：“从长远看，全球政治注定会变得与一国独掌霸权力量的状况越来越不相协调。因此，美国不仅是第一和唯一的真正全球性超级大国，而且很可能也是最后一个。”② 未来世界很难按照某个国家或某种势力所设计方向去发展演变，即使采用什么极端的手段或拥有超强的经济和军事实力也做不到。在约瑟夫·奈

① 金钿主编：《国家安全论》，中国友谊出版公司 2002 年版，第 50 页。

② Zbigniew Brzezinski, *The Grand Chessboard: American Primacy and Its Geostrategic Imperatives*, BasicBooks, 1997, pp. 209 – 210.

看来，信息革命构成更加微妙的挑战，它正在改变国家、主权和控制的性质，也正在改变软实力的作用，“在我们所关心的问题中，没有哪个问题会容易用我们的军事力量优势加以解决。”[①] 约瑟夫·奈进而认为：如果美国所扮演的角色不是独奏，而是乐队指挥，那么美国治下的和平可能更长久一些。[②] 对于目前的美国如此，对于未来更加现代化的中国也是如此。

中国在对外关系中所要争取的不应该是领导者或者独一无二的霸权地位，而是寻求战略的主动权，积极参与国际事务，促进中国与世界关系更和谐发展。正如邓小平所说，中国即使今后发展起来，也决不称霸，永不当头，“如果十亿人的中国不坚持和平政策，不反对霸权主义，或者随着经济发展自己搞霸权主义，那对世界也是一个灾难，也是历史的倒退。”[③] 世界历史是进化着的，顺应世界潮流，才能立于不败之地。[④] 在崛起进程中，中国既要善于以合作借势、以迂为直，又要勇于承担责任、待时而动。国家兴衰的谜底，也许就藏在变与不变的世界整体趋势下不懈的努力和积累、顺势而为的大智大慧之中。

---

① ［美］约瑟夫·奈著，郑志国等译：《美国霸权的困惑：为什么美国不能独断专行》，世界知识出版社 2002 年版，第 80 页。

② 同上书，第 181—182 页。

③ 邓小平：“坚持社会主义，坚持和平政策”，《邓小平文选》第 3 卷，人民出版社 1993 年版，第 158 页。

④ 时殷弘在对中国外交哲学的进一步分析中，仍主张中国应成为一个“搭车者”，但同时指出这种搭车主要是搭世界基本潮流之车，主要表现为在深入和广泛地参与全球化的过程中不断地多方面进步。

第二，国际关系更趋复杂。对于冷战结束以来国际局势的发展，许多研究者和战略家们试图从不同的视角进行解读，如“文明的冲突”、“历史的终结”、“一超多强”、“又一个美国世纪”、“全球化时代”、“后美国世界”[①]、“G2 共治”、“无极时代”[②] 等，诸多不同的视角和理论大多具有各自独到的解释能力，其中不乏非常深刻和精彩之处。然而，一旦尝试将这些不同的观点进行综合梳理，又难免有杂乱无章的感觉。而实际上，也许正是这种杂乱无章本身所体现的某种复杂逻辑就是对国际局势一种不可忽视的认识途径。多维的世界需要从多维的视角来认识和理解。

2008 年爆发的金融危机，使持续增长近 30 年的美欧经济遭受严重挫折。美欧等西方国家为应对危机做出超常的努力，巨额经济刺激计划虽然取得了一些积极效果，但经济状况并未得到根本好转。到目前，一些欧洲国家先后陷入债务危机，已严重威胁到欧洲一体化进程；而美国经济不振，债务负担增加，贫困人口迅速增加，引发了社会不满情绪增强，国内政治分歧加剧，民众走上街头示威要求变革。美欧当前的经济社会困难，可以与越战结束前后的情况相比拟，不仅短期难以恢复，目前甚至已经陷入又一波衰退。事实说

---

① 关于“后美国世界”的论述可参阅 Fareed Zakaria, *The Post-American World*, Norton & Company, 2008; Lionel Barber, “The end of Hegemony”, Financial Times, September 6, 2011.

② 关于“无极时代”的论述可参阅 Richard N. Haass, “The Age of Non-Polarity”, *Foreign Affairs*, May/June, 2008. 刘建飞教授也有关于无极化的相关论述。

明，美国金融霸权主导的国际体系已处于超载状态，亦即美欧经济社会发展模式陷入困境，美国金融霸权主导下的国际体系已不能为各国经济增长提供必须的空间，世界经济长期低迷，步入重大动荡期和调整期。由此而来，国际局势的未来发展将带有更多的不确定性和不可预测性。

中国的国家安全战略，必须具备认识复杂、适应复杂和运用复杂的能力，这是国际局势发展的必然要求：一方面，复杂性对实现国家利益带来更加严峻的挑战，使我们从一个对手容易识别的世界向一个连威胁都难以明确界定的世界过渡；另一方面，复杂性增强也为推动中国与外部世界关系的发展提供了更多的选择和回旋余地。在这种条件下，任何缺少远见的或极端的举动都可能引起不必要的动荡，所谓“小输入大输出”，对国家不应进行简单的定位，维护国家安全的思考应积极寻求能够通过多种途径、运用多种力量、化解多重威胁、达成多重战略目标的方法，以求更好地实现国家利益，推动国家间关系的协调发展。

第三，国际关系的非零和特性逐渐显现和积累。“非友即敌”、“非合作即对抗”、“非得即失”等价值取向已经越来越不合时宜，谋求国家的生存和发展需要更具包容性和更具远见的战略思维，国家战略筹划既要有利于国家利益的实现，也要具有适当的弹性，为新条件下国家间的战略博弈提供更有利的条件。

在实力迅速增长的条件下探讨中国的国家安全，无疑带有浓重的现实主义色彩。有研究强调崛起的零和特性：“崛起为世界强国意味着该国在国际社会中的作用上升，影响力增大，客观上要分享原先占据主导地位的国家在世界事务中的主导权。”“享有世界主导权的国家不愿意放弃其主导地位，而崛起大国要分享主导权，这决定了后者对前者的挑战是不可避免的。”[①] 吉尔平曾指出，“在根本上，今天的国际政治同修昔底德所描述的情况并没有什么区别。”[②] 在很大程度上确实如此，世界政治中一直存在着一种权力政治的逻辑，直到今天这种逻辑依然占有重要地位，许多国家时常会像当时雅典一样处在安全困境之中，今天的中国也遇到了许多棘手的安全问题，近来一些外来势力造成的南海紧张局势，仅是这种困境的一个具体反应。

然而，世界毕竟在不断变化，国际体系不是简单循环，而是进化的系统。一些新因素和原本不重要的因素对国际体系的演化进程发挥越来越明显的影响，各种全球性问题和威胁的凸显也促使国家面临新的选择，单纯的权力政治逻辑已经受到越来越多的挑战。历史证明，权力政治将国家束缚在或领导、或自助、或挑战、或追随等比较有限而又单纯的选择之中，其主导下的国际关系容易发生冲突、对抗和战争。

寻求中国国家利益的实现，不能过于局限于现实主义视角，今天的世界也不能用纯粹的现实主义理论或其他某一特

---

① 阎学通、孙学峰等著：《中国崛起及其战略》，北京大学出版社 2005 年版，第 3、6 页。

② Robert Gilpin, *War and Change in World Politics*, Cambridge, Cambridge University Press, 1981, p. 228.

定的理论来解释，甚至那些试图将现有多种理论综合在一起的努力也很可能不见成效，因为在本质上这种努力依然难以摆脱按图索骥的局限。更为有益的工作也许是针对重大问题做一些“朴实的分析”，逐步改进、深化和积累我们对迅速变化的世界、对中国与世界关系的认识和理解。国际关系的非零和性特征将随着国家间联系的增多而增强。未来国际关系进化的空间也许更大，国家也将具有更多的选择余地。

二、中国与世界关系的深刻调整

伴随着持续而强劲的发展，中国的国家利益也在逐步扩展，其中需要在国际联系中实现的利益明显增多，使中国与外部世界的关系发生了重大而深刻的变化。有西方战略家在较早时候甚至就已经认识到：“中国崛起成为一个大国，将是21 世纪国际关系中最为确定的发展趋势之一，中国和世界其他国家如何调整彼此间的实力和利益，已经成为我们这个时代的中心问题。”① “9·11” 恐怖袭击10 年后，中国GDP总量已跃居世界第二，并达到美国GDP 总量的40%。② 对此，有人过于夸大了中国的实力，以为中国将占据国际舞台的中心位置：“按目前趋势，下一个10 年最流行的字眼将是

① Jim R. Holmes & James J. Przystup, eds., *Between Diplomacy and Deterrence: Strategies for U.S. Relation with China*, The Heritage Foundation, 1997, foreword.

② *International Herald Tribune*, May 23, 2011.

‘一切归中国所有’。”①

然而，国际关系发展演变的历史证明，一个原本落后但具有巨大潜力的大国，一旦其实力处于迅速上升或迅速衰败时期，几乎无一例外都曾遇到过紧张、冲突甚至战争。如何谋求中国社会的全面发展推进现代化进程，如何在中国与外部世界的相互调整关系过程中能够产生有益的合作而不是过多的对抗，需要中国和其他相关国家共同的努力和协调，以破解历史上大国崛起几乎无一例外所遇到过的困境。

由此而来，中国与外部世界关系的处理就显得十分重要。实际上，有一些基础性因素决定了中国在国际体系中的重要地位。悠久的历史、灿烂的文明、辽阔的疆域、众多的人口以及具有强劲生命力的战略传统决定了中国无法不显示出的重要性。尤其从现有实力和发展潜力上看，中国是一个充满活力的最大的发展中国家，是世界上为数不多的在经济、政治、文化、军事等不同领域具有综合实力和潜力的国家之一，② 由此也决定了中国必然具有长期的国际政治抱负。如果再考虑到持续快速的经济增长、社会变革及引起的各种连带效应，中国的发展潜力将更多地显现出来。与此相关

---

① Lionel Barber, “The End of Hegemony”, *Financial Times*, September 6, 2011.

② 国际地位分析是确立战略的基础。有关中国国际地位的分析可参考：阎学通、孙学峰等著：《中国崛起及其战略》，北京大学出版社 2005 年版；黄仁伟：《中国崛起的时间和空间》，上海社会科学院出版社 2002 年。唐永胜：“中国国际地位分析”，《国际经济评论》，2002 年第 1 期；Zbigniew Brzezinski, *The Grand Chessboard: American Primacy and Its Geostrategic Imperatives*, BasicBooks, 1997, pp. 151 – 193.

联，中国也将更积极地参与到越来越多的国际经济、政治和安全体制中，[1] 在世界范围尤其是亚太地区发挥着举足轻重的影响。

值得注重的是，任何国家都不可能长期维持直线快速发展，中国的现代化进程不可能轻易完成，期间甚至可能遇到意想不到的困难；而在国际体系中，尤其在政治、安全和思想领域中，中国远非处于主动地位。由此可以理解，改革开放以来的中国保持了比较积极但相对低调的外交姿态，那就是邓小平反复告诫中国人要谦虚谨慎，要夹着尾巴做人，“要多做实事，少说空话，不争一日之短长，不扛旗，不打头阵，不引火烧身，不将西方的矛盾集中在自己身上，而是一心一意搞好现代化建设。”同时“坚持独立自主的和平外交政策，就能够在国际社会中发挥独立积极作用。”[2]

2008 年全球金融危机爆发以来，随着中国国际作用的提升，国内外一些分析对中国的未来展望过于直线和乐观，而有意无意忽略了中国的大半个身子还处于发展中、处于落后的严峻事实，更没有看到由于世界渗透性的增强，即使是一些非国家角色、一些非极力量也都已经引起广泛的国际关注。新中国国成立以来，战略上冒进的情况时有发生，到今天仍有一些战略研究也习惯性地把愿望当成现实，而不习惯

① 有关中国参与国际体制的分析可参见王逸舟主编：《磨合中的建构：中国与国际组织关系的多视角透视》，中国发展出版社 2003 年版。

② 顾德欣主编：《邓小平国际战略思想研究》，国防大学出版社 1997 年版，第 22、23 页。

对问题进行结构性、系统性的科学分析。而在实际上，中国要成功实现和平崛起，在当前及未来较长时期里，应该力避成为国际体系变革过程中矛盾聚集的焦点，以此为条件才有可能成功破解大国崛起的安全困境，逐步担当起大国责任。①

关于“崛起困境”，它与“安全困境”相似，但又不完全等同于“安全困境”。“安全困境”强调在无政府状态的国际体系中国家之间相互恐惧、相互防范和相互对抗的关系，而“崛起困境”在此基础上崛起国家在扩展体系影响力的过程中所必然遭遇体系施加的限制，承受较大的安全压力。②就如同修昔底德看到的伯罗奔尼撒战争一样，“雅典势力的增长，引起拉栖代梦人的恐惧，从而使战争成为不可避免的了。”③ 所谓“中国威胁论”的基本逻辑也在这里。

中国致力于民族复兴，并不是向现有国际体系及其秩序提出挑战。实际情况是，中国30年的快速发展在很大程度上得益于融入国际体系的开放政策。当然，随着对外关系的深入，许多人进一步体会到国际秩序并不是中性的，而是存在严重的权力分配失衡，中国作为后发国家也时常受到来自霸权国家和体系主导国家的防范和遏制。中国与西方国家政治体制不同、文化禀赋不同，一些国家对中国的发展存在很深

---

① 近来有多有研究认为中国已处于国际舞台的中心位置。实际不应将其视为中国战略追求的一个目标。中国多重身份国际定位的特点不可能在短期内改变。一旦成为诸多矛盾的焦点，中国的战略回旋空间就必然受到限制。

② 阎学通、孙学峰等著：《中国崛起及其战略》，北京大学出版社2005年版，第28—29页。

③ ［古希腊］修昔底德著，徐松岩、黄贤全译：《伯罗奔尼撒战争史》，广西师范大学出版社2004年版，第15页。

的疑虑，甚至将中国定位为潜在的最大战略对手。20 世纪 80 年代末 90 年代初期以来中国在外交上遇到的种种困难，包括中美关系的起伏和“台独”等极端势力的猖獗，都与一些国家的遏制政策紧密相关，并将在较长时期继续困扰中国。这里要强调的是，仅仅注重霸权国家和体系主导国家的政策约束还远远不够，这仅仅是“崛起困境”的直观表象。当前国际体系赖以存在的资本扩张与集聚的逻辑所带来的影响更为隐蔽同时也更为深刻，它对后发国家具有无形的但却是持久的惯性制约。在国家间相互联系日趋强化的新的国际关系背景下，这种惯性在加强，对后发国家的影响更具基础性。

对于中国发展与外部世界的关系，有些人的看法十分悲观。米尔斯海默在《大国政治的悲剧》一书中强调，今天的世界仍然延续着旧时代的逻辑，国际政治依然是大国政治，依然处于悲剧式的历史循环之中。“每个国家压倒一切的目标是最大化地占有世界权力，这意味着一国获取权力必然是以牺牲他国为代价的。”正是根据这种悲观、循环的历史观，米尔斯海默看到未来中美冲突的必然性，中国实力的增长将不可避免挑战美国在亚洲的力量存在。“在 21 世纪初期，美国可能面临的最危险前景是中国成为东北亚的潜在霸权国。”“富裕的中国不可能是一个维护现状的大国，而将是一个决心获取地区霸权的雄心勃勃的国家。”①

客观上讲，米尔斯海默的大国政治理论还是非常完整和

① John Mearsheimer, *The Tragedy of Great Power Politics*, W. W. Norton & Company, 2001, pp. 401 – 402.

系统的，也有许多历史事实可以提供佐证。然而，这一理论却存在着明显的缺陷，那就是对问题采用单一逻辑的简单理解，同时更没有看到国际关系的发展进步。许多研究已经揭示：影响国家战略决策的因素众多，并且相互间具有非常复杂的作用关系。仅仅集中于传统构成要素（如权力需求、力量变化和外部威胁等）的战略筹划是不全面的，这些要素并不能准确解释国家所做出的所有重要的行动。在今天的国际关系条件下，相互联系、观念变化及国内制度特征、利益集团的政治压力等种种要素在战略选择中也起着十分重要的作用。由此而形成的国家间关系不可能最后归于某种宿命。① 美国前国防部长佩里早些时候关于中美关系的一段评述很有见地：中国和美国并没有注定走向冲突，两国最终是伙伴还是敌人，将取决于政策而不是命运。

实际上，中国采取不同的战略将可能产生迥异的效果，稳健而积极的参与和冒进而刚性的扩张之间有天壤之别；而其他国家不同的对华政策也必然引起相应的反应，强化防范和限制必然迫使中国寻求化解之道，而进行积极的沟通与协调，也许对谁都有益处。中国不会走上传统的权力对抗之路，中国对利益的追求不会采取简单的直接路线，需要开发更广泛的战略资源和更广阔的回旋空间、经过曲折的道路和

① 罗伯特·杰维斯经过30多年的观察，分析了政治与社会生活中复杂的系统效应，指出许多行为的非故意后果是不可避免的，由此可见国际关系因果关系的复杂性。参见［美］罗伯特·杰维斯著，李少军等译：《系统效应：政治与社会生活中的复杂性》，上海世纪出版集团2008年版。

较长时期的努力才可以达到。冷战结束以来，中国与主要大国关系的发展显示出竞争与协调的总体平衡，中美关系虽然多次出现反复，但并没有陷入安全困境的恶性循环中。邓小平说："中国威胁不了美国，美国不应该把中国当做威胁自己的对手。我们没有做任何一件伤害美国的事。"[①] 道理如斯。

三、积极筹划中国国家安全

中华民族的伟大复兴及其伴随而来的与国际体系关系的深刻调整，是一个长期而复杂的过程，中国的安全战略选择既要为这一过程提供战略支持，也需要在这个过程中得以实现和经受检验。

与主要发达国家相比，我国的国家安全战略研究起步较晚，积极推进这一领域的研究应该成为战略研究的一个当然重点，以适应维护国家利益的需要。战略思想及战略传统的延续与改变，就像生物学的遗传与变异一样，是一种发展中的逻辑。[②] 一个国家安全战略思想的形成与延续，取决于众多相互影响相互作用的复杂因素，与民族经历、思想文化、军事遗产、地缘条件等都有直接紧密的关系。安全战略是现

① 邓小平："中美关系终归要好起来才行，"《邓小平文选》第3卷，人民出版社1993年版，第350页。

② 李际均：《军事战略思维》，军事科学院出版社1998年版，第136页。

实的，历史上的战略思想能够在一定程度延续下来，最根本的原因在于历史与现实、历史与未来之间存在着千丝万缕的客观联系。

具有生命力的国家安全战略研究，不仅应该在认真梳理和充分借鉴国内外有关研究成果的基础上进行，也必须充分考虑到国际关系背景的改变及由此带来的前提和约束条件的变化，同时应该力争在原有基础上有所改进和有所创造。理论要具有对历史更强的解释力和对未来的预见性，尤其绕不开对有关重大问题的研究，其中的关键在于认识历史发展演变的逻辑或内在规定性。只有不脱离问题本身的创造性理论思考才可能具有鲜活的特征，也才能更好地借鉴和传承先前的发现和智慧。在借鉴中创造，在创造中传承，对待那些传统的和经典的战略理论如此，对待新近出现的相关理论，也应如此。在此既需要做“具体的和朴实的”分析，也需要用宏观和概括的视角进行探索。[①] 正如恩格斯所指出的那样："每一个时代的理论思维，从而我们时代的理论思维，都是一种历史的产物，它在不同的时代具有非常不同的形式，并因而具有非常不同的内容。”时代呼唤中国特色的国家安全战略。

在当前及未来较长的一段时间里，中国安全战略的总体思考至少应着眼于以下重大战略难题：第一，突破一个多世

① ［美］詹姆斯·多尔蒂、小罗伯特·普法尔茨格拉夫曾指出国际关系理论研究中存在着这两种途径分离的倾向。参见：《争论中的国际关系理论》第五版，世界知识出版社2003年版，第19页。

纪以来，后进的大国难以实现现代化的困惑，摆脱国际体系惯性对中国崛起有形和无形的束缚，处理好融入全球政治经济进程与保持必须的自主性之间的矛盾；第二，尽快认识、适应和充分运用一个时期以来国际关系的重大变化，超越传统权力政治的种种局限，推动对外关系更加平衡协调的发展；第三，增强中国社会自身持续发展和进步的能力，并以此作为参与世界和影响世界的基础，通过发展自己来促进世界的改变。这些问题相辅相成、相互联系，甚至互为条件、互为支撑。

尽管实力增长较快，但是中国在未来较长时期里仍将处于相对弱势的地位。在现有国际体系中，中国尤其缺少结构性资源，也即在体系中处于相对下游的位置，并受到惯性制约，对世界政治进程的影响能力还相对有限。由此决定中国对国家利益的追求不能采取过于直接的战略途径，需要开发更广泛的战略资源和更广阔的回旋空间、经过曲折的道路和长期努力才可以达到。

在相同的内外部条件下，不同的战略选择会产生不同的效果。尽管对外关系中存在诸多变数，但总体来讲，大战略选择将决定中国未来的命运。大战略不正确，操作和技术层面上再强也难有作为。俾斯麦在19世纪德国统一后所实行的平衡和节制政策，一旦被威廉二世的扩张政策所代替，德国两线作战的困境就不可避免了，其在战争中收获的也只能是失败。

美欧的经济社会动荡，已促使美国加快调整其对外战略。美国的战略筹划有其自身特点，即使出现一些比较严重的失误，也能够修正并继续取得战略优势，特别是在和其主要对手的较量中，美国至今还没有失过手。反观历史，美国历经四届政府，深陷“越战泥潭”十几年，但最终还是纠正错误，及时改变对苏战略，以“缓和方式”从外部推动了苏东社会剧变。近察当下，为尽快从持续10年的反恐战中转身，摆脱战略上的拖累和被动，奥巴马致力于改变美国的中东政策。在中东变局中，美国实施的就是一种“不战而胜”或“少战而胜”的战略，可以被视为一种可以称为“超越控制”战略的开始。即通过若即若离的挑动、施压、利诱等“软战争”方式对大中东实施战略控制。可以预见，基于美战略纠错与战略转向能力，尽管受经济社会困难影响，美国必须以战略收缩来解决其迫在眉睫的国内问题，但其对外战略不会发生根本动摇，对亚太的重视不会下降，力量部署与投入不会缩减。美国国家安全战略将呈现全球收缩与亚太局部加强的布局，亦即希拉里所强调的“美国的太平洋世纪”。由此中国所承受的战略压力将上升，对此必须有足够的认识和准备。

中国的战略思考必须回答这样一个重大问题：在新的国际条件下，美国是否还具备条件与崛起的中国下一盘大棋，就像冷战时期与苏联所下的那盘大棋一样，[①] 而如果美国战略界确实有人预谋与中国下这样一盘大棋，我们如何有效应

① 体现在美国对苏联的“攻势战略”中，参见［美］彼得·施魏策尔著，殷雄译：《里根政府是如何搞垮苏联的》，新华出版社2001年版。

对，最终实现民族的伟大复兴？

新中国的建立是开天辟地的大事变，中华民族的伟大复兴也是开天辟地的大事变。当初面对帝国主义的侵略，毛泽东是如此精炼而又深刻地概括中华民族的特点："我们中华民族有同自己的敌人血战到底的气概，有在自力更生的基础上光复旧物的决心，有自立于世界民族之林的能力。"[①] 今天中国所面临的安全问题已经大大不同于那个时候了，但是我们赖以存在的民族特性和战略智慧应该发扬光大，以此为基础，推动社会创新，用更宽阔的胸襟走向世界。若如此，中国的未来和对世界的贡献都将不可限量，中国的国家安全也才能有根本的保障。

① 《毛泽东选集》，人民出版社1964年版，第147页。

美国战略调整的内外因素

袁　鹏*

奥巴马政府上台以来，对美国全球战略进行了重大调整。对其调整的动因及影响，国内意见不一。本文认为，只有客观准确地把握美国当前所面临的内外形势，才有可能对其战略调整做出更理性、更准确的评估。

一、内政处于冷战后最困难时期

外交是内政的延续。这句话用来分析美国当前的对外战略调整最恰如其分。奥巴马总统明言，美国正处于“艰难时刻”；① 国防部长帕内塔坦承，美国正处在“战略转折点”。② 显然，美国的对外战略调整带有浓重的“转折”色彩，而这与美国目前的国内处境息息相关。如果用一句话概括当前美国的国内处境，那就是经济弱化、政治极化和社会分化。虽然断言美国衰落还言之过早，但美国处于冷战后最困难的时

* 袁鹏，现代国际关系研究院院长助理兼美国所所长。

① President Obanma's 2012 State of fhe Union Address, Washington File, January 26, 2012.

② Global Leadership: Priorities for the 21st Century, January 3, 2012.

期则毫无疑问。

先看经济弱化。始自2008年的金融海啸，对美国经济的重创有目共睹。三年过后，经济形势虽有所好转，但基本面仍不乐观。集中体现在以下几方面：一是经济复苏乏力。2011年四个季度国内生产总值增长率分别为0.3%、1.3%、2.0%、2.8%，全年美国GDP仅增长1.7%，增幅只有2010年3.0%的一半左右。根据美联储主席伯南克的预估，2012年美国经济增长率为2.2%—2.7%之间。[①] 为实现这一目标，美联储宣布将保持基准借贷利率接近于零的水平直到2014年底。这是美联储最新一次试图促进美国经济发展的努力。而经济学家的一般预计，美国经济未来三到五年仍将是一段缓慢复苏期。二是失业问题依然严重。截止2011年11月，美国失业率维持在9%左右已达23个月，[②] 虽然到2011年底降至8.6%，但不少经济学家认为，失业率下跌的一个重要原因是大量失业者正在放弃寻找工作。即使如此，根据伯南克的估计，2012年失业率仍将在8.2%—8.5%之间徘徊。[③] 而国会预算局的预测更悲观，估计2012年底失业率仍将高达8.9%，2013年甚至达到9.2%。这也就意味着因金融危机失去的大约800万个工作机会只有不到1/3重新找回。三是高债务、高赤字的“双高”问题仍未得到控制。国债上限一

① Bernanke: U. S. Economy Expanding Despite Global Slowdown, Washington File, January 26, 2012.

② 美国劳工部网站：http://www.data.bls.gov/timeseries/LNS14000000.

③ Bernanke: U. S. Economy Expanding Despite Global Slowdown, Washington File, January 26, 2012.

再突破，根据2011年底两党达成的妥协，国债上限已突破15.2万亿美元。在此基础上，奥巴马提出再追加1.2万亿美元的方案。标普史无前例地将美国政府信用评级下调，美国国债信誉遭受重创。财政赤字连续三年超过万亿美元，国会预算局估计2012年预算赤字仍将达到1.08万亿美元。这也意味着，奥巴马总统可能成为美国历史上唯一一个四年任期每年预算赤字超过万亿美元的总统。

美国经济弱化与金融危机息息相关，但更深层原因则是结构性的。包括：全球化、多极化纵深发展，使美国在冷战结束以来享有的全球化红利、冷战红利逐步丧失，新兴大国的群体性崛起也在分解美国在全球的经济主导地位；产业外包与资金外流导致美国产业空心化、失业加剧非短时期能够逆转；新经济增长点的迷失则为经济复苏埋下了阴影。正因如此，世界多数经济学家表示，美国经济复苏将是一个缓慢、痛苦的过程，而在这一过程中要同时拉动就业增长、国债和赤字降低，难度更大。

再看政治“极化”。诚如奥巴马所言，“对我们经济信心最大的打击不是来自我们不能控制的事件，而是来自华盛顿关于能否弥补开支的讨论”。[①] 换言之，美国当前的问题既是经济问题，更是政治问题。而政治问题的集中表现则是所谓“极化”现象。具体表现在三个方面：一是两党尖锐对立。在国债上限、金融监管、经济刺激、就业、医改等攸关美发

① President Obama's 2012 State of the Union Address, Washington File, January 26, 2012.

展方向的几乎所有重大问题上，两党均针锋相对，险些酿成“国债危机”，使奥巴马“就业法案”无疾而终，并正在危及奥巴马“医改”成果。民主党频频出招，共和党处处使绊，奥巴马“新政”举步维艰。据统计，国会以党派划线投票的记录为1890年以来之最。美政论家扎卡里亚疾呼，两党对立导致“施政瘫痪”，美政治制度“已经失效”。[①] 二是党内分化加剧。2010年中期选举后，民主党内代表温和势力的传统“蓝狗”力量式微，以佩洛西为代表的极端自由派得势；共和党内，财政保守派、国防保守派、社会保守派各成一体，以巴克曼为代表的极端保守势力“茶党”异军突起。美专栏作家弗里德曼称，极端派绑架温和派是三十年来未见之“政治怪象”。三是联邦与州关系失调。一方面，同质性群体聚居及选区固定化趋势，导致美政治版图中倾向共和党的“红州”和偏爱民主党的“蓝州”阵野分明，仅10个左右州成为两党必死争的“摇摆州”，导致不同区域板块政见不同，联邦政府的大政方针诸如新能源、高铁、基础设施建设等项目难得落实。另一方面，因50州中共和党州长占29席，共和党人往往“绕道地方”发起对民主党的反击。最近，26个州的检察长联名起诉奥巴马医改“违宪”，已获最高法院受理；多个共和党掌权州通过立法废除工会集体谈判权，以期对民主党支持力量“釜底抽薪”。《国家杂志》称，“想不到历史上还有哪位总统像奥巴马一样，遭到如此众多来自反对

① Fareed Zakaria, “The Debt Deal’s Failure”, Time, Aug 15, 2011.

党州长的抵制”。

正因为美国政治极化的上述新特点，使得不少政论家担心美国一向引以为傲的政治体制，包括所谓相互制衡、政策纠偏等，正在出现重大变化。这种变化只是暂时性的还是带有某种根本性，现在下结论尚嫌仓促，但美国政治出了问题则是不争的事实。

最后看美国的社会分化。可细分为以下五类：一是贫富分化。一项统计显示，1%的最富者占据全美20%的财富，10%的最富者占据80%的财富。贫困线以下的人口突破5000万，创半个世纪以来新高。这就难怪“占领华尔街”运动以“99%对1%”为口号而能在全国范围内引起联动。二是族裔分化。2010年美国人口普查显示，10年间拉美裔人口增长占美总人口增长五成以上，已取代非洲裔成为第一大少数民族，使美种族矛盾由过去的黑白矛盾演变成黑白、棕白、黑棕、棕黄等复杂格局，撕裂美利坚民族融合；1岁以下儿童49.8%为少数族裔，使白人沦为“少数民族”的前景迫近；非法移民人口突破1000万，亦衍生系列新问题。不同群体在移民、教育、社会福利等政策上的诉求各异，《国会山报》近期民调称，74%的白人受访者认为“美正走向衰退”，而持该看法的黑人仅占30%，显示不同族裔的政治观感差异明显。族裔矛盾往往同党派斗争纠缠，加剧两党在对待非法移民、社会福利制度改革上的分野。三是代际分化。随着“婴儿潮”一代进入退休年龄，美人口老龄化加剧，65岁及以上年龄的人口占13%，同时占选民人数的1/4。因有社保和医保，老龄人口的贫困率无明显变化，年轻人的贫困率则蹿升，造成不同年龄群体的利益诉求差异。四是地域分化。表现为不同区域板块甚至各州的利益诉求大相径庭。在共和党初选阶段，来自德克萨斯州的佩里州长称马萨诸塞州的罗姆尼没有资格跟他辩论德州的事情，因为他根本不了解情况。随着经济危机的来临，美国东北部、中西部、西南部、西部等各区域板块受损程度各异，对改革的要求也不尽相同。“红州”、“蓝州”的政治对立更加剧了美国地域的分化程度。五是利益集团的分化。华尔街金融集团、军工能源集团、东北部与西海岸高科技集团、劳工集团等等，各有不同利益取向，分别向两党游说、施加影响。

上述现象是过去三十多年来之最，既是人口结构、移民成分等自然变化的结果，也是里根革命以来保守主义路线上冲、自由主义路线反叛的结果，同时与伊拉克战争等重大决策撕裂社会、政治有关，还同全球化时代对美国的冲击有关。因此，绝非简单的问题，而具有某种结构性特征，短期内难有实质性恢复。

由此我们可以得出几个初步结论：第一，美国当前面临的困难是真困难，不是假困难。第二，美国当前面临的困难是涵盖政治、经济、社会的复合型困难，具有某种结构性特征，短期内难以根本解决。第三，这也就决定了美国当前及未来几年的中心任务是解决经济复苏、政治效率和社会稳定问题，这既是奥巴马新政的根本出发点，也是当下美国大选辩论的焦点。这些是我们理解美国目前对外战略调整的最重要前提。

二、反恐时代的终结

影响美国战略调整的另一重大原因，是长达十年的反恐时代告一段落。由此使得奥巴马政府能够从超越反恐的角度规划新时期的对外战略。

反恐时代改变了美国的安全关切，使恐怖主义及与之相关的诸如大规模杀伤性武器扩散等首次上升为美国的头号威胁；它改变了美国的安全战略，使以单边主义为特征、以军事实力为后盾的“先发制人”正式成为国家大战略的核心；它改变了美国的政府结构，国土安全部、北方司令部、国家情报总监等新机构、新人事设置应运而生，开创了半个世纪以来美国最大规模的机构调整；它改变了美国人的社会心理乃至政治生态，曾经构成“美国精神”内核的乐观主义、自信心、包容力都在减弱，而不正常的焦虑感、脆弱感、不安全感却在上升，《美国爱国者法案》及《恐怖分子监视计划》等立法所引发的相对安全与绝对安全、自由与安全、安全与发展等矛盾成为美国人回避不了的重大议题；它也改变了美国与世界的关系，布什以“反恐划线”，追求“黑白分明”，迫使他国按照美国的意志站队，虽得逞一时，但最终令世界寒心，使美国对世界的号召力、凝聚力下降，美唯我独尊、我行我素的作风不得不有所收敛。更重要的是，它改变了美国的国际地位。10 年下来，遭遇“9·11”恐怖袭击和“9·15”金融海啸两度重创，美国虽仍为一超，但已难独霸。无论承认与否，美国实力地位的相对下滑是过去10 年国际政治的最重大变化之一。

“9·11”事件是美国的重大悲剧，并极大消耗了美国国力，但过去10 年美国凭借转危为机的超强能力及“反恐”提供的难得机遇，也因祸得福，获取了不菲的战略收益。通过阿富汗、伊拉克两场战争，美不仅展示了军事实力、检验了新式武器、锻炼了作战队伍，而且历史性地挺进中亚，全方位地进入中东，其全球地缘掌控力得到大幅提升。通过领导“国际反恐联盟”，形成美国主导、大国协作、小国服从的国际政治新格局，一度令美国软硬实力同步增强。同时，顺势推进了拉姆斯菲尔德主导的“军事转型”，使超强军力更具后劲和可持续性；开启了赖斯策划的“外交转型”，在大国中率先进行外交机构、涉外人员、对外使命的全面变革，为美继续“领导世界奠定了基础；并实践了以单边主义、“先发制人”为特征的“布什主义”和将理想主义同现实主义外交高度融合在一起的“新布什主义”，不啻为新世纪美国如何谋霸进行了战略上的试验。

然而，凡此收益一度给人以错觉，使人们认为美国无所不能，世界开始进入单极独霸或“新罗马帝国时代”；更给布什政府以幻觉，使之以为美国可以为所欲为，借反恐谋求更大的战略目标。结果，布什政府未能正确把握这一难得的历史契机，也未能正确回答“他们（恐怖分子）为什么恨我们”这个根本性问题，未能正确认识“国际反恐联盟”形成的真正原因，反而将大国联合反恐视为对美国的无条件支持，把阿富汗战争的速胜理解成美国在军事上的无所不能，并滥用美国民众的受害心理和爱国热情，断送了反恐前两年开创的大好局面，走上了超越反恐、出兵伊拉克、改造中东的不归路，最终自食其果。

回顾过去 10 年美国的“反恐”历程，从布什 2002 年《国情咨文》抛出“邪恶轴心”说，将伊拉克、伊朗、朝鲜并称为“邪恶轴心”开始，美国的反恐战争就已偏离航向；而伊拉克战争在未得到联合国授权、未找到大规模杀伤性武器证据、未得到绝大多数国家支持的情况下逆势发动，美国的“反恐”就实际上异化为“谋霸”，结果一发而不可收拾。美先是将“反恐”同打击异己相结合，为此形成“恐怖分子—恐怖主义—恐怖主义庇护国—大规模杀伤性武器扩散国—邪恶轴心—暴政前哨”这样一个打击链条，结果越反越恐，把恐怖主义打成了网络，使恐怖袭击在全球蔓延。不仅如此，美国借反恐谋霸还激起朝鲜、伊朗两个美国定性的“邪恶轴心”不得不考虑以发展核武寻求自保，造成全球核武化、大规模杀伤性武器扩散化趋势难以阻遏。“反恐”异化的另一表现，则是将“反恐”同“文明冲突”相结合。布什一再声称美国无意同伊斯兰世界发生“文明的冲突”，但他将反恐提升到反击极端伊斯兰主义、“伊斯兰法西斯主义”的新高度，无异于“此地无银”，因为极端伊斯兰主义与伊斯兰之间以及所谓的“新型意识形态战争”同“文明的冲突之间很难划出明确的界限。

回过头看，“反恐”的异化对世界不是福音，对美国也是得不偿失。首先，上述收益与其说是美国的胜利，不如说是代表新保守主义、传统军工能源集团、进攻性现实主义精英等少数利益集团的胜利。他们的胜利没有赢得满堂喝彩，却导致美国的“分裂”，当前美国政治“极化”和社会分化加剧，正是这一后遗症发酵同金融危机发生契合的结果。其次，美国的硬实力虽得到部分发泄，但元气大伤，软实力则全面受损。美国的国际形象、美式自由民主的可信度、美国领导各类联盟的能力都受到不同程度的损害，其后果是，美国通过所谓“文化霸权”、“柔性霸权”、“仁慈霸权”继续保持“一超”地位的效能大打折扣。从长远看，这恐怕是对美国强权的最大伤害。最后，伊拉克战争的轻启给美国经济带来的沉重负担、给中东局势带来的诸多不确定性、给美国全球战略带来的重大失衡，至今仍未得到解决，远非一个“走”字了得。而从更长的历史视野评估过去10年，对美国而言，最深刻的教训还在于以下两方面：一是延滞了美早应开启的体制性变革，致使各种问题积重难返，造成今日美国“发展方向之困”；二是断送了美重塑国际政治新局的大好时机，使“无极世界”异常混沌，美国自身也深受其累。

这一背景是我们理解奥巴马政府战略调整的又一重要前提。

三、总体收缩与局部进取

正因为美国面临十分复杂的内外形势，因此奥巴马的战略调整也是全方位的，呈现出兼顾内外的全面体制性变革的部分特征。

重新定位反恐并力争尽快终结反恐战争成为战略调整的关键。为此，奥巴马三管齐下，一手加速伊拉克撤军进程，以期撇清“反恐”与大中东之间错综复杂的关系，斩断中东战线这根乱麻；一手启动“阿—巴反恐战略”，以正本清源、集中资源，回归“反恐”的主阵地，清除“恐怖”的真土壤；一手综合施策、软硬兼施，全面利用军事、情报、经济、政治、外交资源，试图短期见效。应该说，奥巴马政府的反恐策略取得了实效，其重大标志，就是藏匿近 9 年的本·拉丹终被击毙，曾经承诺的阿富汗撤军计划准备兑现。正是从这个意义上说，长达 10 年的“反恐时代大体告一段落”。

在这一前提下，构筑“后反恐时代”的美国新全球战略，成为了此轮战略调整的主线，其轮廓已然清晰可见。

其一，在对威胁和挑战的评估上，国际恐怖主义已从美国面临的头号威胁转变成众多威胁或挑战之一，新兴大国崛起带来的国际政治挑战、气候变化等引发的全球性问题挑战等，也是美国必须同时面对、同等对待的安全威胁。更重要的是，必须应对国内经济社会形势恶化的现实。塑造有利于国内变革的国际环境首次成为美国的重要目标。对这一重大战略方向性的变化，国内不少人简单地得出结论认为美国从反恐转向应对中国崛起，似过于片面。综上分析可知，美国战略调整的主要动因还是国内经济形势恶化和反恐时代终结，中国崛起深受美国战略调整的冲击或影响，但很难说中国崛起构成了美国本轮战略调整的主要动力。

其二，在对自身实力和国际格局的判断上，逐步认识到美国实力的有限性，强调要综合、平衡、巧妙地运用软硬实力，防止一味单干、蛮干，即所谓“巧实力”；承认世界力量的多极化趋势，追求国际合作，谋求多伙伴框架下的主导作用，追求“平等中的第一”（first among equals）。即所谓“多伙伴世界”。这意味着，在今后一个时期，美国对中国既要遏制和打压，又要拉拢和利用，也还要继续寻求合作，这种“打、拉、合”的三面性特征会越来越突出。

其三，在地缘战略选择上，加速战略重心东移，强调亚太和中东是美国今后的两大战略重点地区。同时，加大对海、空、天、网等“全球公地”的抢占和布控。国内目前过于关注美国战略“重返”亚太，而忽视了中东仍将是其战略关注重点；过多关注其地缘上的布局，而忽视其在“全球公地”上的进攻态势。事实上，中美亚太共处虽已提前摆上议事日程，但以中国积累的实力和同周边国家深度捆绑的经济格局，避免中美对抗是完全可能的。但在网络、太空等领域，两国却缺乏必要的行为准则，在认识上差别也巨大，似乎更加容易出问题。

其四，在战略手段的运用上，在突出军事实力的同时，更加强调军事、外交、经济、对外援助、情报、外宣等手段的综合运用。克林顿国务卿抛出“三D外交”，将发展（development）提升到与国防（defense）、外交（diplomacy）一样的高度，并大力倡导网络自由战略，显示出美国外交在新形势下与时俱进的特征。

凡此传递着一个重要信息，即美国的全球战略呈总体收缩、局部进取态势。这既是对“反恐时代”美国力量过度扩张的纠偏，也同奥巴马本人的战略观、世界观不无关系。但更深层的原因，乃在于美国国内正面临一场结构性危机，国家的发展方向也正面临半个世纪以来最严峻的考验。

四、多种因素制约战略调整成效

终结“反恐时代”、谋划未来发展，不仅是奥巴马政府集中思考的大战略问题，也是美国战略思想界热议的话题。但从目前的态势看，美国下一步的发展方向似乎仍不明朗。

2008年大选，美国民众之所以将奥巴马推上总统宝座，原本是指望他能尽快使美国摆脱困境，“重新回到正确的轨道”。不料近3年的实践显示，奥巴马虽竭尽所能，却未能满足人们的期待，美国的发展方向愈加迷惘。

客观上讲，奥巴马“新政”的总体思路和方向基本符合美国现阶段的需求，他将“重塑美国实力基础、重修美国国际形象”作为战略重点，也同世界潮流大体合拍。其之所以成效不彰，原因有三：

其一，变革的策略有误。在金融危机和经济危机的关键时刻，恢复经济、增加就业是一切改革的出发点和关键点，而恰恰在这一点上，奥巴马着力不够或不到位。他将大量的精力和资源放在“最难啃的硬骨头”医保改革上，虽最终得以勉强成功，但政治代价巨大，不仅加剧了同共和党的对立情绪，而且未赢得中产阶级的理解和支持，医保改革的获益者最终享受成果也尚需时日。结果，其他改革或多或少因此受到影响。奥巴马的经济刺激计划未能惠及为美国提供90%以上就业的广大中小企业，使美失业率至今仍在9%以上高位徘徊。将教育、创新、基础设施建设、出口倍增计划作为经济增长和扩大就业的支柱，亦有很强的理想主义色彩。其对新能源的过分关注，也招致“远水解不了近渴的批评”。总之，奥巴马的改革倡议不可谓不多，改革思路不可谓不明，但美国经济形势和就业形势仍然堪忧。

其二，变革的支持力量不够。在联邦层面，过去10年累积下来的政治“极化”现象开始生出恶果，两党在几乎所有重大问题上阵线分明，以致出现奥巴马签署而成法律的医保改革方案共和党无一人投票支持、在国债上限问题上共和党也出现一致对外的“几十年未见之政治怪像”。在地方层面，基础设施建设、医保、新能源等奥巴马倡导的政策，难以在州一级贯彻落实，包括加州在内的六七个州随时面临政府关门的危机。在社会层面，因利益集团分合、贫富差距拉大、利益诉求各异，奥巴马的重大改革也难获广大民众支持。美国历史上成功的变革无不有赖两党的精诚团结和民众的普遍支持，而在奥巴马的变革中二者均缺。

其三，变革的时机不利。欧日等西方阵营面临比美国更艰难的政经形势，难以依赖；中国等新兴经济体市场潜力巨大、投资热情高涨，但囿于美国内政治掣肘，短期内无法转化成拉动美国经济的重要推力；而在全球化、核武化的当今时代，指望通过大规模战争手段转嫁风险和矛盾的可能性也几乎为零。由此观之，奥巴马“新政”的前景堪忧，这不仅直接关系到其本人2012年大选能否成功连任，而且攸关美国经济复苏的前景。

实际上，美国经济形势并非没有出路，单是奥巴马推动的让富人增税一项，即可使美国新增数千亿美元财政收入；伊、阿战事的停息及大规模撤军的实现，也会给美国政府减负；巨额的国防支出也是可以缩减的选项；一旦松动对华高技术出口禁令和放宽对美投资限制，美国的出口和就业形势也会大有起色。美国之所以明知可为而不为，或者想为而不能为，根本原因还在于其国内政治和现行体制。对内，金融寡头和大垄断集团同政府联姻，导致政府的改革无法触及根本，反而使造成危机的罪魁祸首因祸得福。如，奥巴马上台后的巨额金融救助资金大多流向了华尔街和福特、通用等大垄断财团，并未使急需救助的中小企业获益；对外，强权政治、霸权心态、意识形态外交仍然根基牢固，使得一些原本可以通过放低姿态、放下身段轻易做到的事情无法做到，比如处理伊朗问题就是“进一步退两步”；在对华政策上，则迄今未形成前后一贯的新战略思路。结果，奥巴马虽表面拥抱多伙伴世界、倡导巧实力、呼唤微笑外交，但在涉及美国霸权根基的各个方面，与前任仍并无二致。

美国安全战略调整及对中美关系影响

孟祥青*

2009年奥巴马上任后，对美国国家安全战略进行了新的重大调整，并紧密围绕着如何恢复美国实力和确保21世纪美国的世界领导权而展开，内容涉及到了安全威胁的新判断、与盟友和国际体系的关系以及外交方式的新转变等诸多方面。2009－2011年，美国先后出台了《网络空间政策评估》、《美国国家情报战略》、《四年防务评估报告》、《核态势报告》、《美国国家安全战略》、《美国国家军事战略》、《美国国家反恐战略》等若干涉及国家安全的新报告，拉开了美国安全战略调整的帷幕。2011年5月，美军击毙本·拉登，标志着10年反恐取得重大进展，美国明显加快了安全战略调整的步伐，尤其对亚太战略进行了冷战结束以来广大幅度的调整，对国际安全形势和中美关系产生了深刻影响。

* 孟祥青，国防大学战略研究所副所长，教授。

一、从“先发制人”到“接触合作”：奥巴马安全战略形成

（一）奥巴马政府安全战略的主要变化

与其前任相比，奥巴马的安全战略无论从战略理念、战略态势、战略指导，还是具体目标、途径和手段上看，都做出了新的重大调整。在指导思想上，从崇尚武力的“政权更迭”调整为“巧实力”的软硬兼施；在具体目标上，从“美国治下的和平”调整为“以美国引领的多种力量共治”的国际格局；在战略视野上，从相对集中于以反恐为中心的军事领域调整为关注经济、科技、教育、能源、太空、网络、核安全等更广泛的领域；在战略布局上，由两大扩张计划（大中东、大中亚）调整为收缩中东和“重返亚洲”的“西退东进”部署；在战略任务上，由聚集“反恐战争”调整为政经兼顾的综合平衡；在军事手段上，从打赢两场常规战争首次变为打赢“当前战争”；在实现途径上，由单边主义调整为有选择的多边主义。奥巴马安全战略继承了冷战结束后美国安全战略的一些基本内容，包括延续了冷战后历届总统对其国家利益和威胁的一些基本判断，如多元化威胁，不确定性、非国家行为体的威胁上升等等，利益目标的界定也没有本质变化。如克林顿时期把美国的利益目标界定为三项：安全、繁荣、民主价值。奥巴马的界定是四项：安全、繁荣、

普世价值、合作性的国际秩序，增加了一项“合作性的国际秩序”。奥巴马时期国家安全战略的主要变化在于：分支目标有新调整；安全重点有新内容；反恐布局有新变化；采取的手段有新花样。

第一，在安全战略的分支目标上，有扩大也有缩小。扩大表现在：明确了美国安全战略的“四大利益目标”，显示出新时期美国利益目标的多元化特征。缩小表现在：军事战略目标由打赢“两场战争”改为打赢一场现在进行的“混合型战争”。认为，美国面临的安全环境“更加复杂，不断变化，充满不确定性”，当前地缘政治呈现四大趋势——大国崛起、非国家行为体力量日益增强、大规模杀伤性武器扩散、全球性问题，这四大趋势将塑造未来安全环境。奥巴马首度阐明现政府对美国安全利益的界定，即“安全、繁荣、普世价值、合作性的国际秩序”。“四大利益”也是奥巴马政府的安全战略目标。在军事目标上，冷战后美军一直奉行“同时打赢两场地区战争”战略，将其作为建军备战的战略指导思想。新的军事战略明确提出放弃该理论，指出美国目前面临的是“多元化威胁”，未来战争形态将是战争主体多元化、常规战争与非常规战争界限日益模糊的“混合型战争”。美军要适应这种新的战争形态，提高在不同环境下执行“多样化任务”的能力。

第二，在安全关注的重点上，明显扩大了领域和范围。在对传统“战略重点区域”予以关注的同时，把“全球公共区域”作为新的战略重点，并首次将气候变化、能源安全纳入国防战略考量。奥巴马沿袭了以往对中东、南亚、东亚、欧洲等传统“战略重点区域”的关注，同时明确提出要重点关注“全球公共区域”，即海洋、天空、太空、网络空间。认为，美国在“全球公地”的利益日益重要，而“全球公地自由面临的威胁加大”，“对美构成新的安全挑战”。同时，专门提及网络空间安全问题，将“在网络空间采取有效行动”视为美军“六大关键任务之一”，提出制订综合方案，实现集中指挥，并考虑将网络空间行动作为应对国与国冲突的重要手段。特别是奥巴马首次提出，气候变化和能源安全这两大问题是塑造未来安全环境的重大因素。在战略层面，它们是“造成不稳定和冲突的催化剂……并将产生地缘政治影响”。在战术层面，美军作战环境、军备设施、武器采购等均可能受这两大问题的影响。①

第三，在反恐布局上，提出新的反恐战略，即所谓“阿巴新战略”。奥巴马认为，伊拉克战争不是反恐战争，是反恐战争扩大化，是个错误。所以奥巴马上任之初就提出了新的反恐战略，即宣布从伊拉克撤军，把反恐重点放在阿富汗和阿巴边境，在加强军事打击“基地”组织和塔利班武装的同时，增加对伊、阿、巴的援助，训练其本国武装力量，甚至分化、瓦解、招安塔利班武装，为最终实现“以伊治伊”，“以阿治阿”准备条件。而击毙本·拉登以后，奥巴马不再用“反恐战争”的提法，美国进入到后反恐战争时代。

---

① The National Military Strategy of the United States of America: Redefining America's Military Leadership, 2011, p. 1.

第四，在实现目标的手段和途径上，奉行外交优先而不是军事优先的原则。突出表现在三个方面：一是更多的以多边合作而不是单边对抗来维护美国的安全利益；二是提出以“巧实力”而不是通过强化武力的方式来获得安全；三是主要采取“预防性遏制”而不是“先发制人”打击的手段来消除或化解威胁。奥巴马认为，过多地使用武力已经使美国在国际社会陷入孤立，必须“全面地、可持续地重新接触世界”，以减少美国在国际行动中的代价，恢复美国形象，确保美国的世界领导地位。①

（二）奥巴马政府安全战略调整的主要背景和动因

奥巴马安全战略调整既是在美国实力相对下降的无奈选择，也是适应全球化深入发展的现实反应。主要有以下三大背景和动因：

第一，应对国际经济危机的挑战。发端于次贷危机并席卷全球的金融危机，不仅严重挫伤了世界经济，也严重削弱了美国的实力和信心。美国《2009年度威胁评估报告》明确将金融危机及其地缘政治影响列为美国“首要安全关切”。而应对经济危机，不仅是美国一国的事，更需要全世界各国的通力合作与精诚团结。布什政府时期的“单边主义”与应对经济危机所需的“多边主义”格格不入。因此，走出经济

① 甘钧先、申根焕：《奥巴马政府安全战略调整评析》，《外交评论》2011年第2期，第148页。

危机，重振美国信心，不仅需要美国调整其国内经济政策，也需要美国对其国家安全战略进行调整。

第二，应对战争残局的挑战。“负责任地”从伊拉克撤军和打赢阿富汗战争，是奥巴马政府收拾伊拉克战争与阿富汗战争残局的总体战略方针。伊拉克战争不仅使美国的政治经济实力受到削弱，也使美国的国际形象日趋受损，更使得其反恐局势进一步恶化。为此，奥巴马调整了布什政府的反恐战略。

第三，应对新兴大国崛起的挑战。布什政府一直把打击国际恐怖主义和防范新兴大国的潜在威胁作为其国家安全战略的两条主线。美国眼里的新兴大国主要指印度、中国和俄罗斯。传统的国家安全战略原则使得奥巴马政府强调印度这样的关键“民主国家”是有价值的天然盟友，要帮助印度成为全球大国，而对中国和俄罗斯则采取“两面下注”的对冲战略。但美国在实力相对下降，中俄实力日渐增强的趋势下，已无法维系以往的“单边”策略，尤其是应对国际经济危机和全球气候变化，解决能源危机、朝核危机和反恐等问题，美国更需要中俄等国的积极参与与合作。所以，缓和与俄、中关系成为奥巴马外交的一大特色。

历史上看，当美国经济处在上升期，实力不断增大时，美国常常表现为气势凌人，进攻和强硬的一面凸显，反之，美国就常常表现为柔性和温和，收缩或合作的一面就突出。

可见，奥巴马安全战略既是在美国实力相对下降时的无奈选择，也是适应全球化深入发展的现实反应。奥巴马上台之时，美国在“两场战争”和“一场危机”的双重打击下，陷入自冷战结束以来最为困难的局面。与此同时，随着全球化的深入发展，恐怖主义、气候变化、能源短缺、疾病传播等传统和非传统安全威胁上升，“任何国家，无论其多强大，都无力单独应对这些挑战。”可以说，奥巴马战略调整是美国实力相对下降和全球化深入发展的必然产物，当然这也与民主党强调的对话接触、重视多边合作的外交理念一脉相承。

（三）奥巴马政府安全战略调整的特点和实质

第一，在确保美国领导地位不动摇的前提下，手段和方法更加灵活。

奥巴马上任后的首份国情咨文报告明确提出，美国决不能做世界第二，① 美国必须保持世界领先地位。为了恢复和重建美国的国际形象与领导地位，奥巴马特别注重手段方式的灵活性与温和性，确保美国的国家利益与国家安全作为其国家安全战略的核心定位。因此，一方面奥巴马政府低调广泛参与解决全球和地区性问题，高调构建全面接触的新型国际关系，缓和与穆斯林世界的关系，主张与新兴大国的接触与建设性合作；另一方面所有这些动作与姿态的背后，绝不是对其“一超独霸”地位的放弃。奥巴马宣称，“在付出数

① Banack Obama, “The 2010 State of the Union Address”, January 27, 2010, http//www. whitehouse gov/the-press-office/remarks-president-state-union-Address.

千人生命和数千亿美元的代价之后，很多美国人可能想要着眼于国内，放弃美国在世界上的领导地位，这是一个我们绝对不能犯的错误”。在坚持这一定位的前提下，奥巴马政府的国家安全战略体现出反恐旗帜下的争霸企图，依然将维护和强化美国“一超独霸”地位“作为最终目标”。因此，奥巴马安全战略的新调整，表面上强调传统盟国的合作加深，奉行多边主义的接触战略，采取更多温和与软性的手段，实质上还是为了“减少谋霸成本，获取更多更有利的谋霸国际空间，以便在实力相对下降的情况下，通过‘分担风险’和‘外包责任’，通过榜样和行动来领导世界”。

奥巴马政府强调“接触、对话与合作”，并不是要放弃美“领导地位”，只是要改变美领导世界的方法，即“通过榜样和行动来领导世界”，以便在美实力相对下降的情况下，通过“外包责任”来减少“霸权成本”。美国安全战略目标没有改变，也不会改变。即巩固并扩大美国在21世纪的霸权主导地位，变的只是策略手段和实现的途径。

第二，奥巴马安全战略有进有退，总体呈现出“全球收缩、亚太进取”、“以退为进”的态势。

军事上放弃两场战争的构想是美国力不从心的无奈之举，这可以被视为是一种退却，但某种意义上也是以退为进的举措，使美国更集中力量解决阿富汗问题；结束伊战，从伊拉克撤军，并宣布从阿富汗撤军时间表，既是一种退却，但也是对布什时期错误政策的纠正，是为了集中解决最现实紧迫的国内问题，重新调整全球力量布局；奥巴马强调“接触与合作”，不能简单地理解为退却，是方法手段的变换而已；在武器装备发展上，美国停止生产 F－22 猛擒战机和“大规模陆军作战系统”，是应对现实不对称威胁的考虑，而且军备采购费用和 2011 财年的军费开支不降反升。而“重返亚洲”，加大了对亚太地区的关注和投入，显然是进，不是退。

第三，武力手段仍然是美安全战略的选项之一，只是更加慎重。“巧实力”不等于“软实力”，更不意味着放弃使用武力。

武力手段从来都是、目前仍然是美国安全战略的重要选项之一，对奥巴马政府来说，它是最后的选择。奥巴马高调推出的“巧实力”外交理念，不过是给美国传统的“胡萝卜加大棒”政策罩上了一件新外衣。国务卿希拉里·克林顿是“巧实力”外交理念的倡导者和推动者。她称，美将领导一种将“原则性和实用主义相结合”的“巧实力”外交，“即面对每种情况，在外交、经济、军事、政治、文化等所有政策工具中，选择正确的工具或组合”。“巧实力”外交理念强调要把外交置于武力之上，尽可能通过“接触、倾听和对话”，找到全球面临的共同问题的解决办法，但“巧实力”不等于软实力。希拉里扬言，美强调外交不能被视为软弱的表现，“如有必要，美将毫不犹豫地动用世界上最强大的军力，来保护美国的朋友、利益和人民”。

二、奥巴马安全战略的阶段性成果和困境

奥巴马上任三年多来，其安全战略有得有失，既取得了阶段性成果，也面临一系列难题和挑战。目前看，由于奥巴马第一任期尚未结束，还很难对其得失做一个全面评价，而只能就其已取得的进展和面临的难题加以客观分析。

（一）奥巴马政府安全战略的重要进展

第一，一定程度上改善了美国的国际形象。奥巴马执政之初，美国正面临“一场危机”（金融危机）、“两场战争”（伊拉克和阿富汗战争）、“四大挑战”（伊核、朝核、中东和平、气候变化）等严峻形势。小布什提出“先发制人”战略，发动伊拉克战争，外交上大搞“单边主义”的做法，恶化了美国与伊斯兰世界以及美国与盟国的关系，美国的国际形象严重受损。奥巴马一上台，就与小布什和共和党新保守派严格“切割”，竭力把自己塑造成不同于前任的新形象，在执政的头一年就大力开展所谓“巧实力外交”、“倾听外交”、“微笑外交”。奥巴马、拜登、希拉里几乎马不停蹄，先后走访了欧洲、亚洲、非洲、中东、拉美等众多国家，放下身段，摆出一副谦和、恭听、友善的姿态，以改善美国的国际形象和对外关系。美国的国际形象有了较大恢复，美国

与其盟国、伊斯兰世界的关系基本回到了伊拉克战争前的状态，有了相当程度的改善。

第二，重新夺取了地区事务主导权。如果说奥巴马政府执政第一年的外交目标主要是“恢复美国的形象和对外关系”并基本实现的话，那么其第二年的侧重点则是“恢复和保持美国的地位和影响”。为此，从2010年开始，美国外交明显采取了“攻势”，开始更多地介入各种国际和地区事务，寻求“重返”世界的一些地区，加强美国在全球的地位和影响力。2010年以来，美国加快了“重返亚洲”的步伐。外交上，开展了十分活跃的双边和多边外交，并正式成为东盟峰会的一员；安全上，介入南海等地区热点，打造防范、牵制中国等新兴大国的新安全秩序；军事上，不断加强同盟国的关系，把主要军力部署在亚太，并计划在澳大利亚驻军；经济上抢占该地区市场，并以“跨太平洋伙伴关系”（TPP）的形式，重新构建有利于美国的地区经济新秩序。在中东，美国重新高举“促进中东和谈”的大旗，举行巴以峰会，试图推动巴以和谈进程。美国加强了对伊朗的打压和威胁。干预西亚北非剧变，支持并介入利比亚战争，试图引导该地区向有利于美国利益的方向演变。

第三，在全球议题设置上占据主导地位。与小布什时期的冷淡不同，奥巴马对全球性秩序的建设倾注了很大的热情。如在气候变化问题上，奥巴马不仅积极回应，而且正根据美国的利益重新塑造这一进程。为降低美国对海外能源的严重依赖，奥巴马在国际能源领域掀起了一场革命。在核不扩散与核裁军问题上，奥巴马以“无核世界”为口号，以美俄新条约为突破口，以核安全为新的概念，正在为这一领域搭建一个新的框架，有可能使这一领域出现一种新的秩序。

第四，不同程度地改善了同盟国、大国、地区大国以及地区组织的关系。奥巴马政府支持欧盟统一的外交安全政策并注意倾听欧盟的意见。重视日、韩、澳等亚太盟国的作用，在重启美俄关系中批准了《削减和限制进攻性战略武器条约》，实现美中关系在2009年的“高开”，加强了美国与印度的“新伙伴关系”，加强了印度尼西亚、越南、土耳其、巴西等地区大国的关系。同时，美国同美洲国家组织和东南亚国家联盟等地区性组织的关系也有了较大发展。

第五，甩掉了一些历史“包袱”，反恐取得明显进展。美国最终结束了伊拉克战争，并于2011年年底全部撤出了驻伊美军。2011年7月开始从阿富汗撤军，按计划在2014年底完成。此外，奥巴马重启了中东和平进程，在打破巴以僵局方面迈出了象征性一步。2011年5月，美军击毙了本·拉登，十年反恐取得了重大成果，标志着美国开始进入后“反恐战争”时代。

（二）奥巴马政府安全战略调整的有限性

尽管奥巴马政府对安全战略做出新的重大调整，但万变不离其宗，奥巴马没有改变美国安全战略的总目标，支撑美国安全大厦的支柱还是美国实力、联盟体系和国际制度。美国安全体系的基本架构仍然是“一大目标，两大途径，多种手段，全球部署”。

“一大目标”：美国安全战略的总目标是追求世界霸权，在每个历史时期和阶段，美国战略的具体目标和分支目标有所变化，但都是围绕着总目标进行，追求并确保美国的世界领导权这一总目标始终未变。

“两大途径”：美国安全战略的实现途径无非有二：一是直接路线；二是间接路线。根据不同时期的历史背景和利益威胁界定，美国会交替采取两种途径。布什的“先发制人”战略是直接途径，奥巴马的“接触合作”就是间接途径，是对克林顿时期安全战略的某种回归。

“多种手段”：实现目标的手段是综合性的，包括军事、外交、政治、经济、文化等等，但最重要的是两种手段，军事和外交。有时军事优先，有时外交优先。

“全球部署”：冷战时，美国同苏联在全球争霸，其军事力量是全球部署，而重点在欧洲。冷战后，美国要维护其唯一超级大国的地位，也是继续在全球部署它的力量，包括军事、外交、经济和政治文化力量，尤其是军事部署重点转移到亚太。集中在四大区域：中东、南亚、东亚和中亚。奥巴马时期把海洋、太空、网络也纳入其重点关注和部署的领域，范围进一步扩大。

可见，奥巴马政府安全战略的调整是有限的，是对美国安全体系做出的修复，更多的是手段和策略的变化，其安全战略的本质未变。

特别需要指出的是，美国安全战略具有“先天不足”的一面。美国世界观的狭隘性使“它无法容忍多元文明平等相处的和平，更不能成为构建这种和平、和谐世界的领导力量。对军事力量的迷信和作为霸权的傲慢，认为用军事力量可以解决所有问题，这些使美国经常犯过高估计对手的威胁，或过高估计自己的力量而导致的各种战略错误，特别是在战略上因没有节制的过度扩张而不得不付出沉重的代价。”①

（三）奥巴马安全战略的矛盾和挑战

奥巴马安全战略的调整始终充满着自相矛盾。奥巴马一方面提倡与其他国家对话，倾听他国声音，另一方面又声称其他国家若不遵守“国际规范”将承担被国际社会孤立的一切后果；一方面声称美国不把自己的价值观强加给别国，另一方面又以自己制定的国际规范来分割国际社会，竭力打造所谓“价值观同盟”；一方面宣布转向多边外交并积极支持开展公共外交，另一方面又宣称保持军事上的绝对优势，并时而以武力干涉相威胁；一方面宣布尊重并发挥国际机制如联合国的地位和作用，争取获得国际社会更多的支持，另一方面又声称“美国必须保留单边行动的权力”。在实践中，美国参与打击利比亚军事行动，再次对伊朗进行武力威胁，

① 周建明：《美国国家安全战略的基本逻辑》，社会科学文献出版社2009年版，第7页。

都与先前“巧实力”外交承诺互相抵触。这种自相矛盾的现象表明，奥巴马的安全战略始终在理想主义和现实主义之间摇摆不定。“现实主义与理想主义的矛盾，实际上表明该战略是一种在现实逼迫之下朝向理想主义的被动回归，但却处处打上现实主义的烙印”。[①] 奥巴马安全战略面临着重大挑战。美国一方面致力于解决全球性问题和地区热点，但恰恰是美国本身是这些问题和热点的制造者或始作俑者，美国安全理念中的冷战思维决定了其不可能根本解决这些问题；美国“反恐战争”随着本·拉登的死亡而结束了，但恐怖主义威胁并未消除，反恐任重而道远；由于美国安全战略目标和能力之间的差距巨大，奥巴马津津乐道的“领导世界”主张缺乏国内基础、实施能力和国际感召力；西亚北非的动乱和一些国家政权的倒台，虽然使美国一时兴奋不已，但该地区和一些国家反美情绪高涨，宗教极端势力抬头，恐怖组织趁机发展壮大的苗头又让美国坐卧不安。美国的“中东新政”面临巨大考验；伊朗核问题的发展让美国再陷安全两难，奥巴马的伊核政策似乎进入“死胡同”，军事打击一旦被提上台面，将使奥巴马的新外交理念、安全战略濒临破产；尤其是美国经济前景仍不乐观，其安全战略实施将可能受到经济状况恶化和国内政治的强大制约。

---

① 甘钧先、申根焕：《奥巴马政府安全战略调整评析》，《外交评论》2011年第2期，第149页。

三、奥巴马政府亚太安全战略与中美关系

（一）奥巴马政府亚太安全战略的深刻调整

奥巴马政府上台后对亚太战略进行了冷战结束以来最大幅度的调整。一方面以各种方式宣示美国的亚太属性，高调宣布“重返亚洲”，反复论证美国的存在对亚太安全与繁荣“至关重要”，努力展现美国对亚太及区域内各国的重视，誓言继续扮演亚太领导角色；另一方面，全方位加大战略投入，强化与传统盟友安全纽带，加大在西太平洋的军事部署，以频繁军演彰显军事优势，深化与东盟对话合作，拉拢和规制新兴国家，积极介入“三海”争端（黄海的朝韩军事对峙、东海的钓鱼岛之争及南海问题）等热点议题，推动各层次经贸合作及次区域合作，全方位提升对亚太局势的掌控能力。目前，“美已初步形成以传统同盟体系为基础、以干预地区热点议题为抓手、以应对新兴国家崛起与地区格局变化为重点、以强化美亚太主导地位为目标的全方位亚太战略布局”。[①] 在奥巴马亚太安全战略中，东亚成为其关注的首要重点和最终目标。

美国对亚太的关注并非始于奥巴马。克林顿政府 1995 年

① 王鸿刚：《美国的亚太战略与中美关系的未来》，《现代国际关系》，2011 年第 1 期，第 7 页。

和1998年两次发表东亚战略报告，为美国战略东移营造强大的思想和舆论基础。1999年科索沃战争后，“西线无战事”、“重心东移论”在美战略界掀起一轮高潮。2001年布什上台之初，更加展示出将亚太作为美国全球战略重心的强烈意愿，但“9·11”事件打乱了美国的战略部署，反恐成为美国国家安全战略的头等大事。

进入21世纪以来，尤其是后危机时代亚太形势发生了巨大变化。从经济层面看，10多年来，东亚乃至以东亚为核心的整个亚太地区的经贸合作蓬勃发展，经济联系日益紧密，地区一体化进程快速推进。2008年的金融危机使全球经济遭受重创，而亚太经济一枝独秀，备受世界瞩目。2010年包括中国—东盟自由贸易区在内、以东盟为核心的五个自贸区同时启动，更彰显亚太经济发展的积极势头。根据美国研究机构的估计，按照购买力平价计算，到2030年，亚洲国家的国内生产总值占全球份额将从1990年的21%上升到45%，而同期西方国家GDP份额将从50%下降到29%。[①] 由于巨大的发展潜力和带动效应，亚太被认为是带领全球经济走出低谷的希望和21世纪全球经济发展的引擎。亚太在当前和未来全球经济格局中的重要位置，要求奥巴马必须对亚太予以高度重视。从政治层面看，美在亚太面临同盟体系根基松动、新兴国家群体崛起、地区格局深刻调整等多重挑战，必须采取

① Ashley J. Tellis, Andrew Marble and Travis Tanner, ed., *Asia's Rising Powers and America's Continued Purpose*, 10th anniversary edition, Seattle and Washington, D.C.: The National Bureau of Asian Research, 2010, p. 61.

措施避免被“边缘化”。美日同盟一直是美亚太战略的基石，近年来，日本政界有关“疏美入亚”、在中美之间实现“再平衡”以及建设排美的“东亚共同体”的论调不时抬头，使美有强烈的心理“挫折感”。[①] 韩国、澳大利亚等传统盟国积极融入地区一体化，发展与美关系的热情不升反降，这些都让美无法接受。此外，中国、印尼、越南等域内国家的综合实力快速增长，印度、俄罗斯等积极参与亚太事务，导致亚太地区战略格局和各国战略选择发生新的变化，也迫使美国必须做出回应。奥巴马2009年上台之初便宣示自己是美国首位“太平洋总统”，高调宣誓美“重返”亚太，国务卿希拉里·克林顿首访即选择东亚，并数度造访亚太不少国家，重点加强与新兴国家的交往，积极参与域内多边机制和热点问题处理，都是在这一背景下发生的。“重返亚洲”被美国视为21世纪能否真正主导亚太乃至世界的关键步骤，是美国安全战略的新的重大选择。

（二）奥巴马政府亚太战略调整中的“中国因素”

奥巴马亚太战略调整并不完全针对中国，但却始终存在着“中国因素”，应对中国崛起是美国亚太战略调整的一个重要考虑，甚至在其实施过程中表现的尤为突出。

① 见美国国家安全委员会亚洲事务高级主任杰弗里·贝德在亨利·史汀生中心举行的“美日同盟50年：走向更有活力的伙伴关系”研讨会上的发言，http：//www. stimson. org/images/uploads/Transcript_ Jeff_ Bader. pdf.

由于中国的国家规模和综合实力、同亚太各国之间的广泛联系以及中国多年积极参与地区合作、推行“走出去”及与周边“互联互通”战略，中国的利益与影响已深入到亚太各个角落，形成与亚太各国的深度相互依赖，中国并成为亚洲经济的火车头和亚太经济链条的中心环节。[①] 就此而言，中国乃是亚太地区事务最重要的“利益攸关方”之一。美国推进其亚太战略，无论是对涉朝、涉缅等热点议题的处理，还是对南海、钓鱼岛等主权争议的介入，抑或是同日、韩、俄、印、东盟等域内战略力量的双边互动，以及扩容东亚峰会、参与次区域合作等多边行动，都无法绕开中国，并将对中国的国家利益、中国同邻国关系产生实实在在的影响。中国在亚太的快速崛起与美国对亚太的全面“重返”这两大历史性进程，无论在时间上还是空间上都有着相当程度的重叠。这一客观现实预示着，中美在亚太的互动与博弈将具有前所未有的全面性和深刻性，并在很大程度上决定两国在亚太的处境及亚太秩序的未来。[②]

从2010－2011年，美国不断介入南海争端和中日钓鱼岛争端。美政府高官多次公开喊话，南海涉及美“国家利益”和地区和平，要求南海问题“国际化”，敦促各方必须依（国际海洋）法办事，和平解决，推动建立争端解决国际机

① 美国国家情报委员会编，中国现代国际关系研究院美国研究所译：《全球趋势2025：转型的世界》，时事出版社2010年版，第19页。

② 参见王鸿刚：《美国的亚太战略与中美关系的未来》，《现代国际关系》2011年第1期，第9页。

制，从而使南海问题复杂化，给中国与其他声索国以双边方式妥善解决争端制造障碍，实际上在离间中国与东盟关系。在钓鱼岛问题上，美一方面声称对此“不持立场”，另一方面又暗示，钓鱼岛实际归日本管辖，是“美日安保条约”适用对象。美持续对中国东海和南海高强度抵近侦察，无视中国主权关切频繁举行军演，推出“海空一体战”军事构想，警告柬埔寨“不要过分依赖中国”，插足缅甸事务，都带有防范、牵制中国、对中国“示强”的明显意图。[①] 上述一系列做法显示，美不仅有意利用亚太各国对中国快速发展的疑惧，论证其“重返”亚太的必要性与合理性，更寻机在一些问题的处理过程中对中国实施战略“对冲”。[②]

（三）美国亚太安全战略调整对中国安全与中美关系的影响

第一，奥巴马政府的“重视对话”与“多边外交”策略对中国有双重影响。

一方面，奥巴马重视与中国的经济对话有利于中美关系的发展。但另一方面，奥巴马政府有可能借经济对话与多边外交来绑架中国的经济和安全利益。美国重视对华关系在很

---

① 参见 Raul Pedrozo，“Beijing's Coastal Real Estate：A History of Chinese Naval Aggression”，November 15，2010，http：//www. foreignaffairs. com/articles/67007/rau l-pedrozo/beijings-coastal-real-estate ？page = s how.

② Fareed Zakari A，“H edged bets on China”，*The Washington Post*，Nov. 15，2010.

大程度上是经济效用推进的结果。将政治、经济与安全对话置于一个对话平台下，有利于美国打出“政治牌”与“安全牌”，借以绑架中国的经济利益。在对话中，美国还可能将达赖、对台军售以及人民币升值等问题联系在一起，希望在政治原则上不肯让步的中国在经济问题上被迫做出让步。此外，美国在中国周边，尤其是东南亚地区利用东盟地区论坛（AFR）等国际组织宣传“领土争端”问题的多边化与国际化，并正式加入东盟峰会，使中国面临的政治压力明显加大。

第二，奥巴马的“后发制人”战略导向可能对中国安全产生重大威胁。

美国前国防部长罗伯特·盖茨在其发表的文章《平衡的战略：为新时代重新制订五角大楼的规划》中写道，“就中国而言，北京对网络战、反卫星战、防空和反舰武器、潜艇以及弹道导弹的投资，可能威胁美国用于投放力量和帮助太平洋地区盟友的主要手段。这要求美国高度重视远程打击能力并部署导弹防御系统，还要求美国从短程武器系统转向远程武器系统，例如下一代轰炸机”。[①] 在卡内基国际和平基金会的一次会议上，莫斯科卡内基中心学者阿列克谢·阿尔巴托夫表示：“世界上没有几个国家害怕美国的核武器，却有许多国家害怕美国的常规武器。具体而言，中国、俄罗斯等

① RobertM. Gates. A Balanced Strategy: Reprogramming the Pentagon For a New Age [EB/OL]. [2010 - 09 - 15]. http: //www. defense. gov/qdr/gates-article. html.

核国家都主要关注美国日益提高的常规精确制导的远程作战能力（C-PGS）系统”。[①] 美国发展“1 小时全球打击系统”和提高“反拒止”作战能力，提出“空海一体战”理论，都有强烈针对中国的一面。

第三，奥巴马亚太战略中针对中国的政策和部署，可能导致中美双方的战略误判。

美国的机会主义做法，很可能会加剧中美关系中的负面倾向，即带着某种“受害者”心态去检视对方行为和揣测对方意图，一方的防御性行为在另一方眼里则变成进攻性的，双方均基于最坏的可能做好自身准备，从而陷入恶性循环的怪圈。[②] 如，对于中国捍卫领土与领海主权等防御性立场，美国战略界和公众舆论解读为中国放弃“韬光养晦”政策与“和平发展”承诺的先期信号，揣测中国在亚太可能奉行“中国版门罗主义”，意在将美国挤出亚太；[③] 而美国与日韩等国频繁联合军演以及在亚太安全布局上的系列动作，也让中方感到美“项庄舞剑，意在沛公”，试图给中国造成更多

① 美国的快速打击威胁令中国猝不及防［EB/OL］.（2010－02－04）. http：//cankaoxiaoxi. tietai. com/plus/view. php？ aid＝16170.

② Davi d Sha m baugh，“A New China Requires a New Strategy”，*Current History*，Sep. 2010，p . 225；Banning Garrett，“U. S. -China relations ：Gone Fishing”，The Globalist，Nov. 24，2010，http：//www. heglobalist . com /storyid. aspx ? StoryId ＝ 8820 .

③ 参见：Joseph Bosco，“China's growing threat”，*The Washington times*，November 29，2010；Vincent Wang， “China-ASEAN Free Trade Area：A Chinese ‘Monroe Doctrine’ or ‘Peaceful Rise’？”，*China Brief*，Volume 9，Issue 17，Aug. 20，2009；AmesHolmes and ToshiYoshihara，A Chinese Monroe Doctrine ?” *Defense News* ，Sep . 20，2010 .

牵制。在这种相互猜疑中，双方的战略互信受到很大削弱，并造成中美关系波折不断，磨擦频繁。这一负面趋势如不及时加以阻止，极可能引发重大战略误判。

第四，奥巴马的亚太战略可能挤压中美在地区议题上的合作空间，甚至使中美关系被逐渐赋予大国战略对决的含义。

以两面手法为突出特征的“对冲”战略存在一个难以解决的内在矛盾，即“防范”的一手增强，“接触”的努力就会下降。如果美国插手钓鱼岛争端和南海争端，除公开宣讲的目标外，背后还隐藏着针对中国的战略意图，意在联手亚太国家共同牵制中国，那么中国维持谨慎姿态和提高戒备将是自然而然的事情。这种相互戒备和僵持的局面，既导致双方间的原则性分歧进一步凸显，更造成双方在本来具有共同利益的诸多方面（如共同维持东北亚安全局势稳定）也无法开展顺畅合作。在此背景下，不仅热点议题失控、地区局势动荡的可能性上升，还可能使中美关系陷入新的两难困境，日益被“第三方因素”牵着鼻子走。

近两年中美博弈的态势已经表明，作为“世界老大”的美国与作为“世界第二”的中国之间的结构性矛盾逐步显露，[①] 并将持续且突出地体现于两国在亚太的竞争之中。中美在亚太的关系处理得好，一定程度上将使两国结构性矛盾得到管控；处理得不好，很可能陷入不可逆转的敌对。所

① 袁鹏：《中美关系向何处去?》，《外交评论》，2010 年第 2 期，第 6 页。

以，美国亚太战略调整中的一些做法，明显影响了包括中国在内的域内国家对美战略意图的解读和应对方式的选择，破坏了中国政策的弹性空间，如果管控不力，任其发展，将可能给中美关系带来系统性和战略性风险。

近年来，已有中国学者指出，两国的战略较量很难避免[①]。布雷默等美方学者也断言，中美关系未来10年的发展很可能滑向“新冷战”。[②] 因此，中美在亚太地区的和平共处、互信互利，对两国均具有极端重要性。这就要求中美双方必须在新时期进一步认清“合则两利、斗则两伤”的关系本质，尊重彼此的核心利益，探讨在新的起点上构建两国关系的新模式，通过良性互动保持大局稳定，以实现亚太地区的持久和平与繁荣。

---

① 王缉思：“中美结构性矛盾上升，战略较量难以避免”，《国际战略研究简报》，第47期，2010年7月23日。

② Ian Bremmer, “Fight of the Century”, *Prospect*, A pril 2010, pp. 37 – 41; Ian Bremmer, “Gathering Storm: America and China 2020”, *World Affairs*, July/August 2010, pp. 57 – 73.

债务危机与欧洲政治安全格局

徐弃郁*

2008 年金融危机爆发后，欧洲经济在遭受巨大冲击的同时，一些国家的债务问题持续恶化并导致债务危机。进入 2011 年后，欧债危机非但没有得到遏制，反而进一步蔓延，不仅影响了欧洲近 20 年来经济一体化所取得的成果，而且对欧洲国家在政治和安全上的联合也构成了深层次的挑战。欧洲的未来开始变得不确定。

一、欧洲债务危机的发展

2011 年，欧债危机出现了进一步深化的趋势。在陷入债务危机的“欧猪四国”（PIGS，分别为葡萄牙、爱尔兰、希腊和西班牙国名的首个字母）中，希腊的问题最为严重。

首先，希腊的债务数额十分巨大，已经远远超出了自身的偿还能力。根据欧洲统计局的数据，希腊政府 2010 年的财政赤字占 GDP 的 10.6%，而政府所欠债务更是达到了 GDP

---

* 徐弃郁，国防大学战略研究所研究员。

的144.9%。[1] 如果不能获得外部的救助，希腊必然会因无力偿还债务而破产，并引发欧洲一系列的银行倒闭，从而重创欧元区甚至整个欧盟的经济。

其次，希腊政府缺乏应对债务问题的有效措施。为偿还巨额债务，希腊本应勒紧腰带，实施财政紧缩。可从希腊政府的实际表现来看，其推行的各种各样的财政紧缩方案与其说是为了削减赤字，不如说是为了从欧盟争取巨额财政援助而做的“面子工程”。希腊两年来通过的财政紧缩方案基本上没有产生什么实际效果，其财政赤字不仅没有缩减，赤字占GDP的比例还在不断增加：2010年四季度赤字占GDP比例为－5.6%，2011年二季度达到－14.5%，而根据希腊财政部在10月份宣布的消息，希腊在2011年全年的财政赤字将占GDP的－8.5%，远远高于其于2010年底提出的将赤字比例控制在－7.4%的目标。[2]

第三，希腊国内社会的矛盾也进一步加剧了解决债务危机的难度。在希腊国内，民众并不像在爱尔兰等国家那样与政府共度难关，而是纷纷举行罢工和示威抗议紧缩，向政府施加压力。希腊政府当然也向欧盟，特别是德法两国转嫁压力，希望尽其可能减免债务。其中最突出的，就是希腊总理帕潘德里欧于10月30日提出针对欧盟峰会达成的救援希腊计划进行全民公投，从而引起外界舆论一片哗然，资本市场

① 欧洲统计局数据。见 http://epp.eurostat.europa.eu/portal/page/portal/publications/collections/news_releases.

② 中金公司《投资策略报告》第170期，2011年11月6日。

出现强烈震荡。虽然此后希腊在德法两国的压力下又宣布放弃公投，但这一戏剧性事件充分暴露了希腊社会的严重问题，进一步动摇了国际社会对希腊，甚至对欧盟的信心，加大了解决危机的难度。总体上看，希腊的情况仍在恶化之中，财政紧缩虽然在削减债务方面效果不显著，但却在限制经济增长方面却十分明显，已经造成希腊经济加速衰退。根据欧洲央行（ECB）、国际货币基金组织和欧洲委员会的估计，希腊 2011 年的 GDP 增长率为负 5.5%，而且至少到 2013 年之前难以恢复到正增长，与此同时债务在 2013 年将达到 186%，远高于原先估计的 160%。[①]

希腊问题只是欧洲债务危机的一个部分。2011 年中，欧洲债务危机已经蔓延到欧元区的核心国家。其中欧元区第三大经济体意大利的形势尤其严峻。2011 年 8 月，标准普尔（S&P）和穆迪（Moody）两大国际评级机构下调了意大利主权债务级别，引发了市场对意大利债务的普遍担心。意大利政府随后采取了比较积极的紧缩政策，于 6 月和 9 月分别通过了 470 亿欧元的财政紧缩计划和 540 亿欧元的紧缩方案。总体上看，意大利实施紧缩政策的效果强于希腊，比较有效地减少了财政赤字占 GDP 的百分比。[②] 然而意大利的债务问题和其他欧元区国家的债务问题一样，既是一种深层的结构性问题，又与欧元区内经济发展和经济政策的不协调有关，仅仅凭着财政紧缩难以有效解决危机。从技术层面上看，紧

① “No Big Bazooka”, *The Economist*, Oct. 29th – Nov. 4th 2011, p. 25.

② 中金公司《投资策略报告》第 170 期，2011 年 11 月 6 日。

缩政策在减少财政赤字的同时也加剧了意大利经济的衰退，按国际货币基金组织的估计，意大利在2011年和2012年的经济增长率仅为0.6%和0.3%，远低于欧盟平均增幅。[①] 如果这种衰退趋势不能遏止，那么意大利更加无力偿还其巨额债务，债务危机集中爆发的可能性也会不断增加。而和希腊不同的是，意大利是欧元区的经济大国，其国民生产总值是希腊的6.6倍，债务也是希腊的5.56倍。一旦意大利步希腊后尘的话，救助的难度要大得多，同时会对欧元、欧盟，甚至整个欧洲一体化的进程都产生巨大冲击。[②]

欧盟的政治缺陷也加剧了债务危机。应该说，从一开始欧洲债务危机就不是一个纯粹的经济问题，而是涉及欧元区的货币政策与财政政策的协调的政治问题，关系到欧盟国家多大程度上让渡出主权。具体地说，当前欧元区内的所有国家只能执行一种货币政策，但财政政策却可以自行其是，这种不协调导致一些国家可以不受约束地大量借债并拖累其他欧元区国家，是产生债务危机的重要原因。目前，欧洲债务危机需要欧盟，特别是欧元区实力最强大的德国采取果断措施，协调法国等其他国家共同出资出力，阻止危机的蔓延。然而，这些国家之间的看法并不统一，难以形成合力，加剧了债务危机的恶化。一些智库指出“经济再一次成为差劲政

① 中金公司《投资策略报告》第170期，2011年11月6日。

② 西方国家普遍认为意大利的情况属于一种两难选择：一方面是“太大而不能倒”，另一方面则是“太大而不能救”（Too big to fail, too big to save）。

治的牺牲品”。[①]

从目前的情况来看，债务危机还在从欧元区的边缘国家向核心国家蔓延。到2011年底，法国的债务状况也出现危险的兆头，国家信用面临着降级的风险，而2012年的经济增长预期也从2.1%下降到0.3%。[②] 如果法国也陷入债务危机，那么整个欧元区将面临极为严重的困境。而欧盟其他国家的形势也不容乐观。欧盟统计局的数据显示，欧盟27个成员国的财政赤字在进一步增加，英、法等大国已经分别达到10.3%和7.1%，在政府债务方面，则有14个成员国超过了GDP的60%。这种危急形势迫使欧盟采取进一步行动。2011年12月8—9日，欧盟峰会召开，除英国外所有成员国同意在货币联盟的基础上朝“财政联盟”方向努力，计划在新的“财政契约”之下，加强对各成员国政府的预算监督，并设立制裁机制。这一举措实际上是法、德两国之前一直大力倡导的，希望通过加深一体化进程、加快结构性改革来摆脱危机。这种应对危机的思路明显是“治本”而不是“治标”的，然而需要较长一段时间才能发挥作用，对迫在眉睫的债务问题效果并不大。一位欧洲资深经济学家就评论说：“这些措施都是为了避免下一次危机的，关于这次危机作用却很小。”[③] 所以，目前欧洲债务危机还远远没有看到解决的迹

---

① “No Big Bazooka”, *The Economist*, Oct. 29th – Nov. 4th 2011, p. 25.

② “France and the Euro Crisis: the Ratings Game”, *The Economist*, December 3rd – 9th 2011, p. 57.

③ http://www.bbc.co.uk/news/business-16030374.

象。如果危机继续发展，欧元区可能面临分崩离析的严重局面，欧洲的一体化进程将出现重大倒退。

二、欧洲政治格局的变化

债务危机对欧洲的影响广泛而深刻。除了经济受到严重冲击外，欧洲国家，特别是欧盟内部的政治格局也发生了巨大变化，不仅欧盟作为超国家机构与成员国的关系受到影响，大国间的关系也发生了引人注目的转变。

从1992年《马斯特里赫特条约》签订以来，欧洲一体化步伐一直体现在欧盟不断增加的“超国家”特色上，加强欧盟这个超国家层面的机构可以说是20年来欧洲各国推动一体化程度的主要途径。2009年生效的《里斯本条约》仍然延续了这种趋势，加强欧盟机构，特别是作为核心执行机构的欧盟委员会成为该条约在欧洲一体化方面作出的重要贡献。但与此同时，这种重点加强欧盟机构的一体化途径开始遭到越来越大的质疑，遭到了成员国，特别是法德等欧盟大国的反弹，开始要求重新重视“政府间”方式。这些国家认为，加强位于布鲁塞尔的欧盟机构并不会加强欧盟的效率，反而会使欧洲一体化的进程越来越集中到超国家层面的政治精英手中，而离欧洲各国的民众却越来越远。随着欧债危机的深化，欧洲国家迫切需要动员和集中政治和经济资源来应对危机，在很多情况下还需要某些成员国做出牺牲，实施财政紧缩政策。面对这些需求，欧盟的超国家机构的资源和权力显得明显不足，其“民主赤字”问题[①]又进一步制约其在困难情况下作出决断并付诸实施的能力。相形之下，德国、法国等大国则有更多的能力动员并使用所需资源来采取必要的措施。

欧债危机的深化与蔓延使欧盟机构，特别是欧盟委员会的能力和地位遭到质疑，德国、法国等大国的地位则迅速上升，欧盟内部这两种一体化途径的较量向着更加有利于政府间道路的方向发展，使欧盟内部的权力开始从欧盟机构向德、法等大国回流。其中，德国的政策变化比较突出。从2010年开始，德国就与欧盟委员会逐步拉开距离，总理默克尔在德国联邦议会的讲演中明确宣称，欧洲一体化和解决欧盟的问题要从以往依靠欧盟委员会的“共同体模式”转化为主要依靠“政府间”渠道的“联盟模式”。[②] 在应对欧债危机的过程中，德国、法国等国家之间的协调起到了决定性的作用，绝大多数关键的解决方案都由德、法等国牵头推出。在迫使希腊等国采取紧缩政策的问题上，也是由德、法等大国来施加压力，而不是由欧盟委员会出面解决。可以说，债务危机越是发展，德、法两国作为欧盟“轴心”的地位就越是突出。如果德国关于加强欧元区财政协调的提议得到落

---

① 欧洲一体化的“民主赤字”问题是指一体化进程大多数由政治精英完成，民众未能以代议等形式参与其中，导致一体化与大众脱节。

② http：//www. bundesregierung. de/Content/DE/Read/2010/11/2010 - 11 - 02 - merkel-bruege. html.

实，那么欧洲一体化的进程将重新由大国政府而不是欧盟的超国家机构来推动。

欧洲政治格局的变化还体现在欧盟内部大国关系的变化上。作为三个最大的成员国，德国、法国、英国之间的关系很大程度上决定了欧盟内部的政治力量结构。在欧债危机之前，面对实力地位不断上升的德国，法国开始在很多事务上向英国靠拢，以便平衡德国的影响，而英国也更加积极地参与欧洲的一体化进程。在防务领域，英法的合作程度不断加深，甚至开始讨论协调核政策等核心防务合作。在外交领域，两国在2011年武装介入利比亚内战的问题上高度一致，且联合对利比亚政府军开始军事打击。相应之下，德国却不主张武装干涉，在授权建立“禁飞区”的问题上与中、俄立场相近。

然而随着欧债危机的深入发展，英、法接近的趋势发生了较大变化。欧债危机迫使欧盟国家，特别是欧元区国家进一步深化内部联系，包括修改盟约，加强对各国的财政监督，加强金融管制，等等，产生了对一体化进程的“倒逼”效果。而一直自视特殊的英国为了“保护自身利益”，向欧洲大陆国家提出了一系列要求特殊照顾的条件，甚至希望借机从一体化进程中部分退回。英国首相卡梅伦一度宣称，如果大陆国家对条约进行修订的话，英国将收回一些先前让渡给欧盟的权利。英国的这种立场还有更深一层的考虑，那就是如果欧盟成员国，特别是欧元区国家之间的关系进一步深化，那么英国对欧洲事务的影响将遭到削弱，英国将不得不面对一个由法、德两国（主要是德国）主导的欧洲大陆。英国政界著名的“疑欧派”、保守党议员比尔·卡什就评论说：“我们正在见证一个‘德国区’的建立，它主要是由德国和法国的利益所驱动的。”① 英国的这种立场与法、德等国主张通过深化一体化来应对危机的做法是完全抵触的，基本上已经成为当前欧洲联合应对危机的主要障碍。这种情况下，英国与大陆国家的矛盾迅速上升。法国总统萨科齐直接批评英国封杀了欧盟国家修改盟约的努力，德国基民盟议员、欧洲议会中右翼外交政策发言人布劳特则批评说：“如果你对遵守这些规则还没做好准备，那你最好把嘴巴闭上。”② 除法、德以外，其他欧盟国家也纷纷批评英国，比如波兰外长雷德克·斯科尔斯基声称：“我们希望你（指英国）参加进来，但如果你不能参加，那么请允许我们继续向前走。”③

英国与大陆国家拉开距离导致法德关系更加紧密，也更加不平衡，德国的主导地位更加明显。在欧债危机中，德国经济不仅成为欧洲的一枝独秀，在整个西方经济中也可以说是唯一的“亮点”。德国的经济实力一方面使其成为解决欧债危机的关键所在，另一方面也使其具备了统一以后从未有过的主导地位。可以说，债务危机越是发展，德国的经济优势就越可以转化为政治优势，使其在一定程度上成为了欧洲经济和政治进程的中枢。从2011年的情况来看，只要德国反

① http：www. bbc. co. uk/news/uk-politics-15997709.

② http：//www. bbc. co. uk/news/world-europe-16114902.

③ “The horseman approach”，*The Economist*，December 3rd – 9th，p. 61.

对的方案或提议最终必然无疾而终，而为各国采纳的措施和方案必然是德国所主张的。德国的这种主导地位甚至得到了一直与“老欧洲”“叫板”的“新欧洲”国家的拥护。比如波兰就表示，相对于德国的强权来说，德国的不作为更让人害怕，因此它“必须发挥领导作用”。① 比较之下，法国则由于其经济状况不佳，在应对危机中的声音越来越小，其政策主张也越来越得不到其他国家的支持。因此，“法德轴心”正从两国并重（法国占政治优势，德国占经济优势）变成德国为主、法国为副的局面。前欧盟委员会主席普罗迪就指出：“以前法国是政治发动机而德国是经济发动机，现在是那位女士（指德国总理默克尔）做决定而萨科齐召集记者招待会来解释她的决定。”② 可以说，从20世纪50年代欧洲一体化进程开始以来，法德关系第一次发生如此深刻的变化。

债务危机对欧洲政治格局的冲击还体现在极右翼势力的崛起上。随着债务危机的深入发展，欧洲的极右翼势力利用普通民众的不满，加紧煽动排外情绪和其他极端民族主义情绪，获得了较大的发展，对当前欧洲中右翼势力占主导的政治格局产生了强大的冲击，对欧洲一体化也构成了一定威胁。在这方面，法国的情况尤其突出。法国极右翼势力——“国民阵线”的崛起非常迅速，其领导人玛丽娜-勒庞在2011

① “The horseman approach”, *The Economist*, December 3rd – 9th, p. 61.

② European Council on Foreign Relations Policy Brief, Ulrike Guérot and Mark Leonard, *The New German Question: How Europe Can Get the Germany It Needs*, http://www.ecfr.eu/page/-/ECFR30_Germany_AW.pdf.

年3月举行的关于总统选举的民意调查中领先于现总统萨科齐和可能的社会党参选人卡恩，使主流舆论大为震惊。而“国民阵线”的主张，是要使法国放弃欧元、脱离互免签证的申根协定，强调种族主义并反对外来移民。[①] 如果这一极右翼势力在2012年的总统大选中胜出，将对欧洲的政治格局产生强大的冲击。

三、北约、俄罗斯与欧洲安全格局

在当前欧洲安全格局中，北约和北—俄关系是两个最为重要的因素。从北约方面来看，2011年的利比亚战争暴露了北约内部的一些问题，特别是德国、土耳其等国在空袭利比亚问题上与英、法等国立场相左，导致北约迟迟不能接管对利军事行动的指挥权。最终，英、法、美等国以一个“有限北约”的形式对利政府军进行军事打击，在行动过程中北约又暴露了行动能力不足等弊端。这些情况表明，北约在处理欧洲周边地区问题上存在一系列制约，其在欧洲安全中的主导地位正面临质疑。

从北—俄关系来看，双方延续了2009年以来的缓和势头，并有一些新的发展，对欧洲安全格局将产生深层次的

① The Brookings Institution, “Elites in the Hot Seat: The Rise of Populism in Europe and the United States”, March 2011, http: //www. brookings. edu/events/2011/0311_ us_ europe_ populism. pdf.

影响。

首先是俄美安全关系继续改善。美国因素对北约—俄罗斯关系有着至关重要的影响。近年来，美国通过俄格战争明确了俄战略底线，在阿富汗也有求于俄，更重要的是，俄实力地位使其越来越向一个欧洲大国回归，美国不再把俄作为主要战略对手，而是把关注点日益集中到中国身上。在这种情况下，双边关系的紧张程度逐步下降，美对俄罗斯的威胁判断也显著降低。在美国2011年2月发表的《美国国家军事战略2011：重绘美国军事领导地位》文件中，俄罗斯通篇只提到了一次，而且基本上都强调俄罗斯在国际安全中应该发挥的积极作用。[①] 2011年2月5日，美国国务卿希拉里与俄国外长拉夫罗夫又在慕尼黑正式交换了新的《削减和限制进攻性战略武器条约》的签署文本，标志着条约正式生效。该条约规定7年内部署的战略核运载工具数量各自减少到700件以下，可部署的核弹头将减到1550枚，削减幅度近1/3。这一举动也象征着俄美之间的战略竞争进一步降低。

其次是北约与俄罗斯之间的敌对状态整体降低。与俄美安全关系相比，北约欧洲成员国与俄罗斯之间的缓和程度更大。尤其是对于法国、德国等欧洲大国来说，与俄罗斯保持稳定的安全关系至关重要。在一直影响俄北关系的北约东扩问题上，这些国家倾向于认为，如果东扩过远、进入俄罗斯

① “The National Military Strategy of the United States of America 2011”, p. 13. http: //www. jcs. mil/content/files/2011 - 02/020811084800_ 2011_ NMS_ - _ 08_ FEB_ 2011. pdf.

的传统势力范围将遭到俄罗斯反击，反而威胁到欧洲的安全与稳定，因此对北约的进一步东扩持反对态度。而北约内部支持扩大的人目前也认为，扩大北约在提高欧洲安全方面的作用已经达到了极限。① 这样，俄北关系中最大的不确定因素得到了控制，为俄北关系的进一步缓和创造了条件。2011年，从双方的民意中也可看到俄北关系的改善。在欧洲国家中，反俄情绪在2008年俄格战争后一度上升，但近年来逐步下降，2011年的民意调查显示，在欧盟国家中认为俄国是敌人的几乎没有，认为是伙伴的占37%，既是朋友又是敌人的占52%，表示尚不清楚的占11%。② 更重要的是，即使是历史上与俄罗斯夙怨颇深的“新欧洲”国家也怀疑是否应继续遏制俄罗斯。同样在俄国方面，俄罗斯人对北约持正面印象的也从2009年的24%上升到40%。③

三是双方围绕欧洲新的安全结构加紧博弈。随着俄北关系的缓和，欧洲安全结构的问题也浮现出来。俄罗斯近年来不断调整对外战略目标，使之与自身实力相符。目前来看，俄对欧洲的关注力度进一步加大，一些学者甚至认为，俄罗斯的战略思维正在发生变化，其身份定位开始从世界性大国

---

① Ron Asmus, “Is enlargement dead?” German Marshall Fund, May 2010, http: //209. 200. 80. 89//doc//OnWider_ Series_ May_ Asmus_ Final. pdf.

② European Council on Foreign Relations Policy Brief, Ivan Krastev & Mark Leonard, *The Spectre of a Mulitpolar Europe*, http: //www. ecfr. eu/content/entry/the _ spectre_ of_ a_ multipolar_ europe_ publication.

③ “Fewer dragons, more snakes”, *The Economist*, November 13th 2010, p. 27.

向欧洲大国回归。[①] 在这种情况下，“放低身段”的俄罗斯开始用一种更加柔性的方式来挑战北约在欧洲安全结构中一家独大的局面。俄总统梅德韦杰夫提出《欧洲安全条约》的设想实际上就是俄罗斯版本的欧洲安全结构，在这一结构中北约与俄罗斯将享有平等地位，俄甚至对北约的很多事务事实上拥有了否决权。这一设想虽然被北约拒绝，但对于一些较低的要求，比如俄对北约—俄罗斯理事会内部程序设置的“平等要求”，北约就无力进行反驳。俄总理普京曾抱怨自己被北约—俄罗斯理事会误导了，因为北约曾保证使它成为一个27方共同决策与讨论的平台，实际上俄面对的是一个统一的北约，最终是“26+1”的模式。这些抱怨应该说是合情合理的，北约在北俄关系紧张时尚能用“俄国威胁”来搪塞，然而随着与俄关系的改善，北约已经越来越无法忽视俄国的诉求。在北约内部，欧洲国家和美国在对俄关系上的分歧也在上升。美国坚持北约在欧洲安全中的绝对主导地位，但欧洲国家与俄罗斯之间有着更加紧密的利益关系，安全上的相互依赖程度也更大。特别是在能源安全方面，随着一些欧洲大国考虑放弃核能，其对天然气的消费将进一步增加。据美国能源信息署的预测，欧洲天然气的消费量将从2005年的19.3万亿立方英尺增加到2030年的27.2万亿立方英尺，

① James Sherr, “Russia and the West: A Reassessment”, *The Shrivenham Paper* no. 6, Defence Academy of the United Kingdom, January 2008, http://www.russiaprofile.org/page.php?gageid = CDI + Russia + List&articleid = al200420940.

增加将近40%。[1] 这部分天然气将主要由俄供应。在这种情况下，欧洲国家更愿意充分考虑俄罗斯的安全诉求，在未来欧洲安全结构问题上，一些欧洲大国已经开始呼吁更加平等地对待俄罗斯在欧洲安全结构方面的要求。比如法国就要求欧俄之间建立起一种比较全面的伙伴关系，包括强大的经济和社会纽带，以便共同应对地区和域外问题。德国主张与俄罗斯加强联系的倾向表现得更加突出。即使是传统上一直作为亲美的"大西洋主义"堡垒的德国保守派也在慢慢改变态度，而社会民主党中的一些政要干脆主张"应该与美国和俄国保持同样密切的关系"。[2] 如果这部分国家的主张得以实现，那么北约的独立性将受到相当程度的影响，其在欧洲安全中的地位可能面临"欧安会化"的前景。可以预料，美国必然不断阻挠这一趋势，各方围绕未来欧洲安全结构的斗争也将持续。

四、关于中国战略选择的思考

欧债危机和由此引发的欧洲政治与安全格局的变化对中国有着深层次影响，总体上体现在三个方面：一是欧洲债务

---

① Energy Information Administration, "International Energy Outlook 2008", DOE/EIA - 0484 (2008), June 2008, http://www.eia.doe.gov/oiaf/ieo/nat.gas.html.

② 德国联邦议会中社民党领袖施图尔克就持这种观点。Peter Struck, "Schaeuble aergert mich ziemlich", *Frankfurter Allgemeine Zeitung*, 20 May 2007.

危机引发的经济动荡可能对中国构成威胁。欧债危机是当前西方国家经济社会动荡的重要组成部分，其引发的连锁反应必然冲击我国金融稳定和经济安全。多数欧洲国家实施的紧缩政策和随之而来的经济增长减速，也很可能再度压缩我国经济的外部需求，恶化我出口环境。二是欧洲一体化的变数增加可能影响世界多极化的进程。一体化是欧盟在国际舞台上充当“一极”的重要条件，如果危机持续发展并导致欧元区解体，那么欧洲联合的进程将出现重大逆转。这将在客观上强化美国一极独大的局面，对多极化发展不利，并间接影响中国的外部环境。三是欧洲安全格局的变化对中国参与国际安全合作有积极意义。这主要体现在，北约内部的变化和北俄关系的变化为中国进一步扩大国际安全合作，包括与北约的合作提供了更大的空间。

针对这些影响，中国需要采取行动来维护自身的利益，努力使形势向有利于自己，有利于整个国际体系健康运行的方向发展。从现实情况来看，中国至少应关注三个方面。

首先，中国必须从欧洲债务危机中充分吸取教训与经验。欧洲债务危机有着复杂的背景，既有自身在经济结构、制度安排和管理能力等方面的深层次问题和漏洞，又有外部力量操纵和推波助澜。中国与欧盟的情况差异很大，但存在的问题却有类似之处，比如对债务情况的管控能力（在欧洲是欧盟和成员国债务的关系，在中国则是中央政府和地方债务的关系），对境外金融巨头渗透和操纵的抵御能力，等等。

欧洲当前出现的严重问题对中国同样具有一定的警示作用，中国应该从中总结教训，认真作好经济和政治上的防范工作。

其次是对欧盟给予适当的支持，努力加强政治互信。欧洲债务危机对中国形成较大冲击，危机的妥善解决符合中国的切身利益。然而中国在该问题上可以作为的空间并不大。一方面，中国自身实力有限。作为一个发展中国家，中国面临着进一步提高人民生活水平和调整经济结构等艰巨任务，用大量资源来援助欧洲发达国家、确保欧洲人生活水平于情于理都不现实。另一方面，中国的援助也会引发部分欧洲国家的担心。欧洲的一些智库和媒体提出，中国将趁着欧洲陷入债务危机时大量收购欧洲的关键资产，甚至可能“买断”一些行业。[①] 鉴于这种情况，中国对欧盟的支持必须讲究方式方法，既要有所作为，又要量力而行，突出互惠互利的原则。在支持欧盟应对债务危机的过程中，应着重通过双边渠道与欧盟成员国加强政治互信，并向欧洲议会和普通民众积极开展公共外交，使其更好理解中欧之间的共同利益所在，争取推动中欧关系的进一步发展。

第三是正确处理俄—欧—美安全关系变化带来的影响。近年来欧洲地区的传统安全威胁显著下降，俄—欧—美关系总体上不断走向缓和。中国应利用这种有利的局势，进一步

① European Council on Foreign Relations Policy Brief, Francois Godement, Jonas Parello-Plesner and Alice Richard, *The Scramble for Europe*, http://www.ecfr.eu/content/entry/the_scramle_for_europe_publication.

开展和扩大与欧盟、北约和俄罗斯的安全合作，使中国与上述各方之间的安全互动进一步向着良性、积极的方向发展。同时，中国也应谨慎应对这种安全关系变动对亚太，特别是东亚地区安全形势的影响，积极开展与周边国家外交与安全合作，维护地区稳定，防止大国关系中不确定因素上升。

朝鲜半岛安全形势与中国的政策选择

鹿　音*

相对于2010年，2011年半岛安全形势显得相对平稳，但年底朝鲜领导人金正日突然去世，却使朝鲜半岛再次成为全球关注的中心。回顾半岛一年的安全态势，一方面，美、韩的领导人均进入任期将满的特殊时段，其对朝政策轨迹并未脱离持续几年的既定强硬路线；另一方面，朝鲜继续推动国内经济发展与对外和谈进程，其已故领导人金正日求政权稳定、促经济发展的政策选择已经比较明显，继任者总体上应沿用这样的政策。朝鲜领导人金正日去世，既为半岛安全态势增加不稳定因素，也为各方通过外交努力解决问题留下机会之窗。如何选择政策，权衡利益，不仅考验各国领导人的政治智慧，也决定着半岛未来几年的局势走向。

一、朝鲜继续以“核”促“谈”

尽管冷战早已成为历史，但朝鲜半岛的安全环境却一直未能突破冷战结构。冷战后大国在半岛力量失衡，导致朝鲜

* 鹿音，国防大学战略研究所研究员。

半岛对峙双方发生了完全不利于北方的战略倾斜，这样的剧烈变化使朝鲜处于前所未有的不利地位。[①] 作为弱小国家的朝鲜产生强烈的生存危机感，“保生存”一直是朝鲜的策略运用重点。2009 年朝鲜进行了第二次地下核试验，同时也向外界正式公开其领导人进入政权交接期。这样的特殊时期，朝鲜更需要稳妥的策略筹划，内保政权交接稳定，外促安全环境改善。为此，朝鲜的政策宣示展现出相对清晰的“核”“和”并举路线，即以“核”促谈、以“核”换“和”。这样的政策选择是近几年朝鲜领导人主要的战略诉求，即使受到意外事件的干扰也不会轻易改变。2011 年，朝鲜的政策方向还是基于其核力量推动和谈，并且取得一定进展。

（一）强化“和谈攻势”

从 2011 年初开始，朝鲜不断向韩、美主动“出击”，推动对话与谈判进程。首先，全面推动南北对话。从 1 月开始，朝鲜最高人民会议、朝鲜社会民主党、朝鲜祖国统一民主主义战线、朝鲜亚太和平委员会、民族和解委员会等代表朝鲜政府、政党和社会团体，不断向韩国政府、朝野政党、各部门及社会团体发送信件和声明，呼吁尽快无条件举行朝韩当局会谈、政党对话、朝鲜最高人民会议和韩国国会接触协商，提出举行南北红十字会谈、有关重开金刚山旅游会谈、

① 崔立如：《朝鲜半岛安全问题：中国的作用》，《现代国际关系》2006 年第 9 期。

有关开城工业园区会谈、军事工作会谈等多项会谈建议。[①] 7月底，朝、韩无核化会谈重启，这是朝、韩双方代表团团长自2008年12月在六方会谈会晤以来，时隔2年零7个月后第一次举行会晤。双方赞同朝鲜半岛无核化会谈应由韩朝主导，同意共同努力“尽快重启六方会谈”[②]。

其次，积极主动与美国接触。同样从年初开始，朝鲜除在联合国等国际场合与美国官员接触、提出粮食援助请求外，也连续派遣官员前往柏林和伦敦，在当地会见前美国政府官员，讨论朝鲜核计划及结束政治僵局的办法。5月初，朝鲜接受美国前总统卡特率元老团访朝，金正日告知元老团：朝鲜愿意在不设任何前提的条件下重返有关无核化和安全问题的六方会谈[③]。7月底和10月底，朝、美进行了两轮高层会谈，这也是时隔19个月后两国重开双边谈判。尽管这样的谈判不可能一蹴而就，但毕竟改善了政治气氛，为六方会谈的重启带来希望。[④]

再次，频频向外界表达经济改革意图。在努力推动谈判的同时，朝鲜继续推进发展国内经济的政策主线。一方面，

---

① “朝鲜最高人民会议致函南朝鲜国会”，(朝)《劳动新闻》，2011年2月4日。“我方向南方发出通知”，(朝)《劳动新闻》，2011年1月13日。

② “朝韩同意共同努力尽快重启六方会谈”，人民网，2011年07月24日，http://news.sina.com.cn/w/2011-07-24/031222865487.shtml（2011年7月25日）。

③ Report on Elders'Visit to the Korean Peninsula and China，2011April http://theelders.org/article/report-elders-visit-korean-peninsula-and-china-april-2011（上网时间：2011年4月30日）。

④ “朝美高层对话落下帷幕 双方均评价会谈富有成效” http://www.chinanews.com/gj/2011/10-26/3414322.shtml（上网时间：2011年8月30日）。

通过领导人外访，推动中国、俄罗斯等主要国家对其经济发展提供支持；金正日5月访华，密集考察中国的经济建设项目，8月底访俄，主要议题也是朝俄经济合作，内容包括建设经由朝鲜连接西伯利亚与韩国的天然气管道和输电项目等。另一方面，调整经济政策优化经济环境。朝鲜政府出台“国家经济开发十年战略计划”，确立2012年迈进“强盛大国之门”的框架，特别确定了农业、电力、金属、煤炭炼油等基础设施建设的经济开发战略目标。[①] 同时出台各种优惠政策吸引外国人投资。例如：5月底连续推出对罗先经济自由贸易地带进行投资的“三免二减”和“五免三减”等优惠政策；宣布出台《金刚山国际旅游特区法》，允许外国法人、个人和经济组织到金刚山旅游特区投资等。[②]

（二）继续发展核力量

朝鲜持续推动“和谈攻势”，谈判的重要筹码之一还是其核实力。朝鲜的核力量在经历了几十年的发展后已初具规模。就钚项目而言，大致可以判断朝鲜共储备了46—64公斤的钚，其中大约28—50公斤是分离钚，可用于制造核武器。2006年和2009年，朝鲜分别进行了两次钚弹的地下核试验，成为事实上的有核国家。美国国会调查局最新报告认为，朝

---

① “朝鲜制定经济开发战略”，朝鲜中央通讯社，2011年1月15日，http：//www.kcna.kp（上网时间：2011年2月5日）。

② “朝鲜允许外国人投资金刚山旅游”，http：//news.sina.com.cn/w/2011-06-03/015622578708.shtml（上网时间：2011年6月8日）。

鲜早先提炼了30—50公斤钚，后来在2006年和2009年的核试验中各使用了5—6公斤；若制造一枚核弹头需要6公斤钚，朝鲜刚开始或拥有可制造5—8枚核弹头的钚，在进行两次核试验后，目前拥有可制造4—7枚核弹头的钚。①

2010年底，朝鲜向美国科学家展示了包括2000台离心机在内的浓缩铀项目和轻水反应堆项目。根据这位科学家的观察，朝鲜展示给他的离心机及轻水反应堆的确是用来发电的民用项目，但这些项目所含的技术水平令他吃惊。他也极度怀疑朝鲜另有秘密的浓缩铀项目。② 在朝鲜于2010年底公开其浓缩铀项目后，无论外界对朝鲜另有秘密铀项目的猜疑是否合理，朝鲜公开的核技术已经比较全面，其核力量足够发挥“存在威慑”作用。以此为基础，2011年，朝鲜没有更多地公布其核力量进展情况，其官方就核项目发展唯一一次比较明确的表态是外务省11月30日的公开宣示，称朝鲜“正在快速推进试验用轻水反应堆建设和低浓缩铀生产以保

---

① 关于朝鲜核力量及核地位的分析，参见美国国会调查局2011年发表的最新报告：Mary Beth Nikitin，“North Korea's Nuclear Weapons：Technical Issues”，Congressional Research Service，*CRS Report RL*34256，January 20，2011，p. 5，http：//www. crs. gov 同时可参考以下报告：Larry A. Niksch，“*North Korea's Nuclear Weapon Program*”，Congressional Research Service，The Library of Congress，*CRS Report for Congress*，August1，2006，p. 5，http：//fpc. state. gov/documents/organization/71870. pdf；David Albright，Frans Berkhout，andWilliam Walker，*Plutonium and Highly Enriched Uranium* 1996：*World Inventories*，*Capabilities*，*and Policies*（Solna，Sweden：SIPRI；and New York：Oxford University Press，1997），pp295 306.

② Siegfried S. Hecker：What I Found in North Korea，http：//www. foreignaffairs. com/articles/67023/siegfried-s-hecker/what-i-found-in-north-korea.（上网时间：2010年12月1日）。

障燃料供应。”并强调，此项核活动仅用于和平目的，只是为了确保本国的电力供应，“自力更生支持本国经济”。[①] 这既有向外界传达信息，推动和谈的意愿，也有针对外部安全环境恶化，“持核”自保的意味。

二、美韩高调强化军力

从表象看，半岛安全态势在2010年全面恶化，2011未见根本好转，但实际这一趋势从2009年初就已经开始。奥巴马总统和李明博总统上任后相继调整对朝政策，强化两国军事联盟，在半岛周边高调显示军事存在，导致半岛安全矛盾再度激化。2011年，美韩进一步强化军事同盟关系。

（一）美韩对朝政策的趋同调整

美、朝矛盾是半岛安全不稳的核心，美国对朝政策是解决朝核问题，实现半岛和平的关键。2009年奥巴马总统上任至今，对朝政策称为“战略忍耐”，本质上还是以漠视与冷淡加大对朝压力。其具体表现也从谨慎回应与搁置，到最终决定沿用强硬与敌视打压。[②] 2011年9月，奥巴马总统在联

① “朝鲜快速推进试验用轻水反应堆建设和低浓缩铀生产”。

② Strategic Patience Has Become Strategic Passivity，载 NK News 网，http：//nknews. org/2010/12/strategic-patience-has-become-strategic-passivity.（上网时间：2010年12月25日）。

合国大会发表演讲时再度强调：朝鲜并没有“对放弃核武器，停止针对韩国的好斗挑衅采取具体措施”，并警告称，如果“朝鲜继续采取违背国际法的行动”，针对朝鲜的“孤立和压力只会继续上升”。[①] 与朝鲜同属一个民族的韩国，长期以来一直在寻求自主解决半岛问题。其几任总统都坚持对朝实施“阳光政策”，南北关系和解一度令人鼓舞。[②] 但李明博总统上任后采取了与美趋同的对朝强硬政策，加大迫朝“弃核”压力，同时将改善朝韩关系和开展南北经济合作视为补偿性交换条件，明显提高了门槛，也在很大程度上限制了自身政策的主动性。[③] 2011 年，韩国的政策选择仍主要呈现出单一施压态势，再度证明这届政府坚持抛弃“阳光政策”的立场。

（二）美韩加强军事联盟的具体措施

在美韩对朝政策调整趋同的背景下，结合美国“重返亚太”的总体战略调整，美更需要加强其在区内与盟国的关系。而在东北亚，美国明确表示“与韩国的联盟正在加强，操作上越来越一体化，并且继续发展两国的联合能力，以阻

---

① “Obama warns North Korea of more isolation, pressure”, The Korea Times, September 22, 2011.

② 参见韩国海外弘报院：《大韩民国阳光政策》，1999 年 5 月 5 日，第 3 页。

③ 虞少华：“东北亚安全形势与中韩战略合作”，《国际问题研究》2010 年第 5 期。

遏和应对朝鲜的挑衅”。[1]

一方面，继续高密度举行联合军演。与 2010 年相比，2011 年美韩联合军演数量没有减少，演习过程中还出现几个值得注意的“首次”动向：6 月，美韩两国首次实施战车部队联合演习；7 月，美韩两国海军陆战队之间首次进行联合军事演习；8 月，年度“乙支自由卫士”（UFG）联合军演首次加入实战演习内容，韩国合同参谋本部议长指挥全军作战。

另一方面，提升军事合作水平。2011 年 4 月，韩美达成协议，将合作研究构筑“韩国导弹防御系统”（KAMD）以应对朝鲜弹道导弹威胁。[2] 这也改变了韩国一直坚持的自主研发导弹防御体系的做法。6 月，美支持韩国在西海岛屿新设西海防卫司令部；9 月，韩美签署相关协议，决定在年底前完成“联合应对局部挑衅作战计划”，以便在朝鲜“挑衅”时，增加韩军可以适时、有效运用美国军援的方案，改变之前韩军单独应对“挑衅”的作战计划。[3] 虽然这样的计划更多是为了宣传需要，美军实际上很难真正参与实战，但这无疑是在高调显示美国与韩国的军事关系加强，联手对付朝鲜，强化在亚太军事存在的意图。

---

① Hillary Rodham Clinton, America's Pacific Century, 载 US Department of State 网，2011 年 10 月 21 日，http://www.state.gov/secretary/rm/2011/10/175215.htm.（上网时间：2011 年 10 月 25 日）。

② “韩美着手讨论构筑 KAMD”，（韩）《首尔新闻》，2011 年 4 月 16 日。

③ 以前针对朝鲜的局部“挑衅”，一直是在美军作战控制下韩军独立应对。根据“联合应对局部挑衅作战计划”，当局部挑衅发生时，由韩军主导作战，驻韩美军、驻日美军、美太总司令部所属兵力等提供支援。

美韩两国在未来一年均面临总统大选，虽然总体上都不希望半岛安全更加恶化，影响国内选情，但对朝政策做出更大调整的余地也不大。美国当前的对朝政策使朝核问题的解决及半岛安全环境的营造更加困难，甚至有可能出现全面反弹。而作为同一个民族，韩国的对朝政策则直接影响到朝鲜对安全的信心底线。针对金正日逝世后，李明博政府对韩国各界赴朝吊唁采取“阻挡”政策，朝鲜国防委员会 12 月 30 日发表声明说，朝鲜将永远不再同李明博政府打交道。朝鲜祖国和平统一委员会 12 月 31 日发表声明说，只要李明博存在，北南关系就没有任何希望。[①] 考虑到朝鲜新领导人刚刚执政，这样的政策宣示一方面充分反映出朝鲜安全心理持续受损后，在对外政策上的反弹；另一方面也预示：如果美韩两国的政策过于僵硬，不仅有可能将朝鲜新领导集体的政策选择逼至死角，也无疑缩小了美韩两国新一届政府对朝政策的选择范围。

三、俄日两国寻求平衡

在牵涉半岛安全的各方力量中，俄罗斯和日本各自发挥出相应的平衡作用。俄罗斯在半岛安全事务中一直保持大国

① “朝鲜国防委员会发表声明 永不与韩国现政府接触”，http: //news. 163. com/11/1230/16/7MHK58R300014JB6. html；“朝鲜称只要李明博在北南关系就没有希望” http: //www. people. com. cn/h/2012/0101/c25408 - 1574935300. html.（上网时间：2011 年 12 月 31 日）。

协调和“北南均衡”的原则；而日本对半岛的态度则十分暧昧，其政治立场和做法常处于摇摆和矛盾中。

在解决朝核问题的六方会谈中，俄罗斯与中国在政策上协调一致始终是保证会谈取得进展的重要因素。同时，俄罗斯还承担着平衡朝鲜和韩国关系、在一些场合为两国牵线搭桥的任务。2011 年 3 月中旬，俄罗斯副外长、朝核问题六方会谈俄罗斯代表团团长博罗达夫金一行访朝，会见了朝鲜外务相朴义春。之后，法新社就援引俄罗斯外交部发言人消息说，朝鲜“不反对在未来六方会谈上讨论铀浓缩问题”。[①] 8 月上旬，韩国外交通商部长官金星焕到访俄罗斯，拉夫罗夫在莫斯科与其会谈后说，所有各方应显示出最大限度的责任和远见，不要采取任何可能会引发朝鲜半岛局势反复和对立的行动。各方应继续努力，使朝鲜半岛局势回到政治解决的轨道上来。[②] 8 月底，朝鲜领导人金正日时隔 8 年再访俄罗斯，双方举行首脑会谈，就重启六方会谈、加强双边经济合作及韩、朝、俄三国经济合作问题深入交谈，朝鲜对涉及三国的天然气管道项目表现出积极态度。梅德韦杰夫在会谈后表示，俄罗斯与朝鲜商定，将制定向韩国出口天然气的管道

---

① “外电：朝鲜愿无条件重返六方会谈 不避铀浓缩问题”，中国新闻网，2011 年 3 月 15 日，http：//www. chinanews. com/gj/2011/03 – 15/2906733. shtml.（上网时间：2011 年 4 月 1 日）。

② “俄韩外长莫斯科会谈 呼吁恢复六方会谈”，中国新闻网，2011 年 8 月 8 日，http：//www. Chinanews. com/gj/2011/08 – 08/3242600. shtml.（上网时间：2011 年 10 月 23 日）。

铺设方案，确定过境朝鲜领土输气的双边合作具体参数。[①] 俄罗斯通过将俄、朝、韩三方利益联系在一起的经济合作意向，有利于推动三国合作，同时为双边合作搭建了平台，这无疑也会增加半岛和平稳定的力量。

和韩国一样同为美国在亚太地区的盟国，日本的对朝政策一直充满矛盾。一方面想摆脱美日联盟对其独立制定政策和取得利益的限制，另一方面又担心自己在区内的安全利益受损，失去扩大军事活动的借口和理由。[②] 所以尽管日本政府也曾一度想在参与解决朝鲜半岛问题的过程中，增加其独立的政治和经济影响力，但鉴于其国内经济持续低迷，相对于中、韩、俄等东北亚主要力量之间的实力优势逐年减弱，因而产生战略上的焦躁情绪。反映在对朝政策上，日本近年来越来越紧跟美国，其右翼保守势力借“朝核”和朝鲜威胁扩充军备；将六方会谈与绑架人质问题挂钩；针对朝鲜进行军演，一些政策表态情绪化严重，引发朝鲜强烈反感，也不利于地区安全稳定。外界普遍认为日本不能以积极的心态发挥作用，经常打小算盘，冲淡主题。[③]

然而，美、韩的政策调整客观上拉近了与日本的距离，增加了日本的行动空间。美国在亚洲的联盟战略原本以双边

---

① “朝鲜领导人金正日高调访俄罗斯是为‘核’”，http://qh.people.com.cn/GB/15522507.html.（上网时间：2011 年 12 月 5 日）。

② 日本战略家一直认为朝鲜半岛是能够威胁日本安全的重要方向，将朝鲜半岛比作指向日本列岛侧腹的一把匕首。参见（日）服部卓四郎：《大东亚战争全史》第 1 册，商务印书馆 1984 年版。

③ 林利民：《朝核危机管理与中国的外交抉择》，《现代国际关系》2006 年第 8 期。

为重点，近年来却更体现出多边特色。日本在半岛事务中原本十分有限的平衡作用，在美、韩、日三边协调一致中反而凸显出来。以2010年12月美国联合韩日军事同盟，举行三国外长华盛顿会谈，拉近三边军事合作为起点，[①] 2011年1月，日韩举行会议，双方就互相提供军事后勤保障进行谈判，并同意有必要签署《军事信息总体安全协议》。[②] 6月，日本与韩国六方会谈代表团团长会面，重点磋商韩国提出重启六方会谈的"三步走"方案。韩方谈判代表魏圣洛还表示，在重启六方会谈的问题上，韩美日之间的紧密合作尤为重要。由于日本在此问题上的立场与韩方一致，对韩方来讲，日本是非常重要的合作伙伴。[③] 这一方案同时也得到美国的公开支持，并在多个场合由美高官提及。[④] 金正日去世后，韩国和日本官员于12月28日分别证实，由美、韩、日三方负责高官举行的高级别会谈最早将于2012年1月中旬在

① 有评论认为这是朝鲜半岛问题上美日韩同盟协调机制正式成型的开始。详见朱锋：《"后天安舰时代"半岛无核化进程评析》，《现代国际关系》2011年第10期。

② Kim So-hyun, "Korea, Japan to discuss bilateral military relations", The Korea Herald, January 4, 2011.

③ "三步走"方案即按照"韩朝对话、朝美对话、六方会谈"的步骤开始以朝韩对话为起点的全新对话模式。"六方会谈韩方代表访日是，商讨朝核问题及'三步走'方案"，http://news.sina.com.cn/w/2011-06-14/102222637800.shtml.（上网时间：2011年7月1日）。

④ "坎贝尔：美方支持韩方提出的'三步走'方案"，韩国联合通讯社，2011年6月10日，http://chinese.yonhapnews.co.kr/national/2011/06/10/8100000000ACK20110610001800881.HTML.（上网时间：2011年6月13日）。

美国举行。[1]

四、中国继续维稳促和

毋庸置疑，中国与朝鲜半岛的地缘关系及历史联系具有特殊性。周恩来总理曾将这种特殊联系描述为“唇齿之邦，唇亡则齿寒”。[2] 正是由于这种关系，不少人认为中国可以对朝鲜施加特殊的影响，但这很大程度上是基于想象的判断。中国对朝鲜不是没有影响力，但影响力是有限的，更不可能按照美国等国家的威压方式来“影响”朝鲜。主要原因在于：首先，中国与朝鲜半岛国家是主权国家之间的关系，中国作为大国特别注意以平等的态度对待周边小国，强调尊重其主权。其二，中国对朝鲜半岛国家的历史与生存状态有更深刻的认知。中国在历史上多次受到外敌掠夺、侵略与孤立打压，对处于弱势国家的生存困境更容易理解。所以尽管中国并不支持朝鲜采取核试验等极端行为，但同样也不支持美、韩、日等国采取军事威压手段，认为其只能激化矛盾而并不利于解决问题。其三，冷战结束后，中国对朝鲜半岛北南双方的政策选择经历了调整与重新定位，但坚持保持半岛和平稳定的政策立场始终没有动摇过。以此为主轴，无论是

① “美韩日计划就朝鲜半岛举行会谈” http://news.sina.com.cn/w/2011-12-29/070623713977.shtml（上网时间：2011 年 12 月 30 日）。

② 周恩来：“抗美援朝，保卫和平”，《周恩来外交文选》，中央文献出版社，1990 年版，第 29 页。

多方关注的朝核问题还是其他偶发的安全危机，中国都本着公正、客观的态度，兼顾各方利益，照顾各方关切，推动对话和谈判解决分歧，坚决反对诉诸武力，起到地区大国应有的积极作用。

一是用负责任的公正态度应对半岛安全危机。面对朝鲜半岛突发事件和安全危机不断的情况，中国作为区内大国，常常是在第一时间顶住压力，主动应对。2010 年中国在处理“天安”号事件和延坪岛炮击事件上的做法，虽然在各方情绪高涨时并不能被充分理解，但从效果上看，中国在第一时间积极沟通，保持穿梭外交，顶住压力在关键时刻做关键国家的工作，反对挑起冲突，努力劝和促谈的做法，避免了半岛陷入更大混乱与危机，也得到国际社会的充分肯定。中国在用实际行动积极承担大国责任，不仅要对发达国家承担责任，更要对广大发展中国家承担责任。

二是坚持通过六方会谈解决朝核问题。中国从第二次朝核危机爆发后开始全面介入朝核问题，并且发挥出积极、重要作用。因为中国的不懈努力，六方会谈作为涉及朝核问题相关各方的多边平台，为缓解矛盾、弥合分歧成功建立起沟通渠道，发挥了桥梁作用。虽经波折起伏，六方会谈为推进半岛无核化、全面解决朝核问题取得的阶段性突破有目共睹。经过六轮六方会谈，各方达成“9·19 共同声明”、“2·13 共同文件”及“落实共同声明第二阶段行动”共同文件三个具有法律约束力的文件，可以成为最终解决朝鲜半岛核问题牢固的政治基础。同时，六方会谈还为相关各方增信释疑创造了良好的政治气氛和多边框架下的双边会谈环境，已经成为国际社会公认的解决朝核问题的最佳平台。虽然在过去的两年中，六方会谈再遇僵局，悲观主义者甚至认为六方会谈已经“死亡”，但更多有识之士还是相信困难是暂时的，六方会谈的地位作用仍不可替代，朝核问题还是会以六方会谈为平台，最终外交解决。

三是持续以外交努力维护半岛稳定。2011 年在半岛大势稳定的情况下，中国更加积极以外交努力推动半岛稳定与发展。第一，支持朝鲜国内政治权力过渡和经济平稳发展。6 月中共中央组织部长李援朝访问朝鲜，双方同意建立中朝“战略沟通机制”；9 月，国家主席胡锦涛在会见来访的朝鲜政务总理崔永林时指出：“相信朝方能够抓住当前有利时机，推动半岛局势朝着更好的方向发展。”[①] 10 月，中共中央政治局常委、国务院副总理李克强访问朝鲜时表示：“中方支持朝方坚持接触对话的正确方向，推动有关对话早日取得成果，尽早重启六方会谈。”12 月底，在朝鲜领导人金正日突然发病去世后，中国也在第一时间向朝发出唁电，中国党和国家领导人亲自前往朝鲜驻华使馆，沉痛吊唁。胡锦涛在朝鲜驻华使馆强调，不断巩固和发展中朝传统友好合作关系是中国党和政府坚定不移的方针。我们愿同朝鲜同志携手努力，把中朝传统友好合作关系巩固好、建设好、发展好。[②]

---

① “胡锦涛会见朝鲜内阁总理崔永林”，《人民日报》，2011 年 9 月 28 日。

② “胡锦涛等中国领导人赴朝鲜驻华使馆吊唁金正日”，http://www.chinanews.com/gn/2011/12-20/3546404.shtml（上网时间：2011 年 12 月 24 日）。

第二，保持与韩国的全面合作。尽管中、韩两国2011年由渔船捕捞引发的民事纠纷与矛盾有所抬头，但中国本着主动化解的态度，与韩国政府相关部门共同冷静、客观地解决问题，并没有影响两国战略合作伙伴关系。中、韩两国2011年继续保持高层互访势头，特别是10月底李克强副总理访问韩国时再次强调："中方将继续从战略高度和长远角度重视中韩关系，愿同韩方共同努力，进一步深化各领域交流合作，推动中韩关系在新形势下继续向前发展，为维护地区和平稳定，共创繁荣发展做出积极贡献。"[①] 中、韩建交后双方发展了令人瞩目的经济关系，经济上的互补与共融在今后相当一个时期也仍然是双方的共同利益。中韩在安全领域同样存在重要的共同利益，其中最大的共同利益是推动本地区彻底走出《停战协定》残留的阴影，建立新的地区安全格局和正常的地区秩序。2012年是中韩建交20周年，两国关系面临新的发展机遇，中国将继续与韩国共同推动半岛与东北亚安全稳定。

第三，努力寻求与美国的利益共同点。由于明显的地缘政治需要，中美在朝鲜半岛都有重大战略利益，是半岛安全的主要大国因素。美国在2009年确定"重返亚洲"的战略目标后，2010年和2011年连续两年加快其战略东移的步伐，加大在区内的外交与军事投入，以实现其对亚太地区的领导

① "李克强访问韩国 在首尔与韩国总统李明博举行会见" http：//www.gov.cn/ldhd/2011-10/26/content.（上网时间：2011年10月30日）。

权和控制权。[①] 美国的战略调整客观上强化了东北亚地区作为“冷战”遗产存在的安全结构，不仅使中国自身的外交与安全压力增大，也使中国在与美协调，推动六方会谈等地区对话与合作时面临更加复杂的局面。尽管面对诸多挑战，中国仍努力寻求中、美两国在半岛问题上的共同利益，坚持外交途径解决矛盾。2011 年，中、美两国领导人高层互访及其他外交沟通渠道依然保持畅通，10 月，美国负责亚太事务的助理国务卿坎贝尔在北京与中国外交部副部长崔天凯共同主持第二次中美亚太事务磋商，就包括朝鲜问题在内的一系列地区安全热点问题交换了意见。双方认为，中、美在维护亚太稳定、促进经济发展、应对安全挑战、促进区域合作等方面有共同利益和责任，有必要进一步加强协调、沟通和合作。美国国务院 12 月 29 日宣布，助理国务卿坎贝尔将于 2012 年 1 月 3 日访华，与中方高级官员讨论朝鲜及缅甸最新局势等一系列重要议题。[②]

中国是一个有着厚重历史积淀、长远战略思维与“和合”文化传统的亚洲大国，面对复杂多变的安全环境，中国需要保持冷静的头脑，做出有利于长远的战略选择。从半岛安全形势近期变化趋势看，半岛不稳定的安全格局难以打

---

① 参见 Nirmal Ghosh，“Clinton Declares：US Back in Asia”，Straits Times，July 23，2009；“US Here to Stay，Says Clinton”，ASEAN Bulletin，July 2010；Hillary Rodham Clinton，“America's Pacific Century”，http：//www.state.gov/secretary/rm/2011/10/175215.htm.（上网时间：2011 年 10 月 25 日）。

② 美国助理国务卿将访华或讨论朝鲜最新局势 http：//news.sohu.com/20111230/n330820277.shtml.（上网时间：2011 年 12 月 31 日）。

破，朝鲜与韩国、美国甚至日本的冲突也许还会发生；但从长远看，半岛南北关系终究要好起来，半岛统一将是大势所趋。作为区内大国，中国应加强与美、俄、日、韩、朝等国家加强沟通与合作，共同创造一个让南北关系好起来的国际氛围。

中日战略互惠关系评估

邱　静*

2008年5月，胡锦涛主席和福田康夫首相签署了《中日关于全面推进战略互惠关系的联合声明》，中日两国正式将双边关系定位为“战略互惠关系”。三年来，中日“战略互惠关系”既时常闪现亮点，又不断经历考验。在最初两年中，虽然日本政坛更迭频繁，长期执政的自民党政权也被民主党政权所取代，但中日两国关系的大局基本保持了平稳态势。然而，2010年9月中日钓鱼岛撞船事件后，两国关系骤然紧张，对于中日两国“战略互惠关系”的未来，出现了很多质疑的声音，甚至有观点认为“中日关系从战略互惠走向战略对抗”。从2011年初开始，中日关系的紧张局面随撞船事件的解决渐趋缓和。2011年3月，日本东北地区发生特大震灾后，中国立即对日本给予慰问，并向地震灾区派遣国际救援队，提供大批救援物资和赈灾款。2011年5月，在中日韩第四次领导人会议正式开始前，经中方倡议，中韩两国领导人先行访问日本宫城县、福岛县地震灾区。温家宝总理表示，中国将支援日本的灾

* 邱静，中国人民大学国际关系学院副教授。

后重建，恢复和扩大赴日旅游，并在确保安全的前提下调整从日本进口食品的限制。5 月 22 日，中日韩三国发表了第四次领导人会议宣言，确认了三国友好合作的共识。菅直人首相在当天与中国国务院总理温家宝举行会谈时表示，“希望今后进一步深化、发展战略互惠关系。”① 这些交流和共识无疑意味着中日两国关系的恢复和发展。2011 年 12 月，野田佳彦首相访华。在中日两国关系正常化40 周年之际，两国领导人再次重申要增进政治互信、扩大交流合作、共同开创中日战略互惠关系的新局面。

纵观三年来中日战略互惠关系的发展可以发现，中日关系并未因“战略互惠关系”的确立自动实现良性互动。领土问题、东海问题、历史问题、教科书问题等长期困扰中日关系的症结仍未消失，在“战略互惠关系”下尚未形成对这些问题新的解决机制，相反，“战略互惠关系”的发展仍然受到这些因素的制约。例如，就在中日两国积极开展震灾救援合作的背景下，2011 年 3 月 30 日，日本文部科学省公布了新版教科书的审定结果，7 家出版社发行的社会科教科书均声称钓鱼岛是日本领土，中国外交部对此已向日方提出了严正交涉。此外，人们对于中日关系的认识能如此容易地在“战略互惠”与“战略对抗”间循环，这本身也是一个值得深思的问题。上述情况表明，中日战略互惠关系仍然需要探索进一步巩固和发展的模式。造成这种情况的原因之一是中

① 《菅直人望深化日中战略互惠关系》，共同网，2011 年 5 月 22 日。http：//china. kyodonews. jp/news/2011/05/9477. html。

日两国对于战略互惠关系的理解和定位不尽相同。虽然中日两国关系目前不断取得突破，但为了避免今后再次出现不必要的反复，有必要以更长远的眼光审视中日“战略互惠关系”的内涵，在把握中日定位差异的基础上，思考“战略互惠关系”的实现方式。

一、中国：从“和平友好”到“战略互惠”

新中国对中日关系的定位是以“和平友好”为基调的。一方面，“和平共处”是中国同所有国家发展对外关系的原则，“睦邻友好”是中国处理与周边国家关系的原则；而另一方面，中日关系的定位与同其他国家的关系定位有所不同。尤其是在20世纪90年代之前，在两国主张友好的政界、民间人士的努力下，中日关系的许多原则和实践都体现了两国间更加紧密的联系。早在中日邦交正常化10年之际，中国的杭州市和日本的岐阜市就互换了“日中不再战”和“中日两国人民世世代代友好下去”的纪念碑。这里所体现的和平友好关系实际已经不只是“不敌对”和“和平共处”，而更接近于一种真诚的友情，是比一般的“友好”更加“友好”的关系。虽然日本在历史上发动了侵略中国的残酷战争，但中国始终强调两国有长期友好交往的历史，作为在地理和文化上都存在联系的“一衣带水”的邻邦，应当以史为鉴、面向未来，发展两国的友好关系。最有代表性的是，在1972年实现两国邦交正常化的《中日联合声明》中，中国方面提出，“为了中日两国人民的友好，放弃对日本国的战争赔偿要求。”[①] 在此，“友好”是一种目标而不只是一种手段，在某种程度上甚至可以超越对于简单的“利益”或“战略”的追求。1998 年 11 月 25 日，江泽民主席对日本进行正式访问，这是中国国家元首首次访问日本，双方发表中日联合宣言，宣布两国建立“致力于和平与发展的友好合作伙伴关系”。在此，“友好”仍然是中国定位两国关系的关键词。

20 世纪 90 年代以来，中国外交政策有所调整。中日关系也从“致力于和平与发展的友好合作伙伴关系”发展到目前的“中日战略互惠关系”，由强调“友好”开始转向了强调“战略互惠”。但是，从中国方面来看，无论是构建战略互惠关系的出发点，还是推动这种关系的实际努力，都没有完全脱离最初的“和平友好”的基调。

首先，从构建战略互惠关系的出发点来看，对中日关系而言，“战略”本身就含有和平友好的使命感和责任感的内涵。事实上，从 1997 年开始，中国就已经开始考虑以“战略”定位 21 世纪的中日关系。当时，中国在定位中俄、中美关系时都使用了“战略”的提法，因此考虑中日关系的定位也使用“战略”一词。1998 年，国家主席江泽民访问日本时，中日双方曾讨论过相关问题，但由于日本方面意见不

① 虽然放弃战争赔偿要求的决策受 20 世纪 70 年代国际形势变化和新中国外交政策调整的影响，但在分析时不能忽视当时中国外交决策的特点——不仅从利益或战略出发，注重道德和意识形态因素。

一，最终没有采用这一提法。[①] 当时，中日关系的基本定位仍是此前的“和平”、“友好”、“发展”，这种基调在十年后“战略互惠关系”成为两国共识时并没有消失。正如原中国外交部副部长、前驻日本大使徐敦信所指出的那样，“中国在对外关系中，先后同包括周边邻国在内的多个国家建立了战略伙伴关系，尽管文字表述不尽相同，但这种新型的战略合作关系既不同于冷战时期的结盟，也不针对任何第三方，更没有所谓的‘假想敌’。中日互为重要近邻，中方当然希望从战略高度和长远角度同日本发展睦邻友好，在更高层次加强互利合作，走共同发展、共同繁荣之路。”[②] 徐大使还特别强调，“中日战略互惠关系是中日睦邻友好关系的继承和发展，中日关系不仅是重要的双边关系，也是面向地区和世界负有重大责任的关系。在日本有一种把战略互惠同睦邻友好、日中友好割裂开来，甚至对立起来的说法，在我看，这不仅不符合构筑战略互惠关系的本意，而且也是对中日关系历史的无知。”[③]

其次，从推动战略互惠关系的实际努力来看，中国方面始终强调要在互利和共同发展的同时以发展两国的友好关系

---

① 《中日关系将调整定位》，《世界新闻报》，2007 年 4 月 11 日。http://gb.cri.cn/12764/2007/04/11/2225@1541033.htm。

② 徐敦信：《关于中日战略互惠关系的由来、内涵和面临的课题——在复旦大学日本研究中心成立 20 周年庆典暨第 20 届国际学术研讨会上的演讲》，《日本研究集林》，2010 年下半年刊（2010 年 12 月），第 1 页。

③ 徐敦信：《关于中日战略互惠关系的由来、内涵和面临的课题——在复旦大学日本研究中心成立 20 周年庆典暨第 20 届国际学术研讨会上的演讲》，第 2 页。

为目标，并认为友好本身是战略互惠关系的重要内涵。

中国国家领导人在论及中日战略互惠关系时，反复强调“友好”是两国关系发展的目标、基础和重要内容。例如，2009 年 4 月 29 日，温家宝总理在会见麻生太郎首相时表示：“中日友好是大势所趋，人心所向。”① 2009 年 9 月 21 日，胡锦涛主席在会见鸠山由纪夫首相时强调：“中国始终从战略高度和长远角度看待和发展中日关系，我们将继续奉行中日友好政策，同日方一道致力于实现两国和平共处、世代友好、互利合作、共同发展的大目标。”② 2010 年 5 月 31 日，温家宝总理与鸠山由纪夫首相会谈时指出：“双方要牢牢把握中日战略互惠关系发展的大方向，坚持中日四个政治文件的各项原则和精神，增进战略互信，确保和平、友好、合作始终成为两国关系的主流。……中国坚持和平发展道路，奉行睦邻友好政策。中国在战略上将日本视为伙伴，而不是对手，更不是敌手。两国作为近邻和亚洲大国，都应以这样的心态看待对方，看待对方的发展，真正实现和平共处、世代友好、共同发展。”③ 2010 年 6 月 27 日，胡锦涛主席在会见菅直人首相时指出：“发展长期稳定、睦邻友好的中日关系

① 《温家宝在人民大会堂与日本首相麻生太郎举行会谈》，中华人民共和国驻日本大使馆主页，2009 年 4 月 29 日。http：//www. china-embassy. or. jp/chn/zrgx/t559778. htm。

② 《国家主席胡锦涛会见日本首相鸠山由纪夫》，新华网，2009 年 9 月 21 日。http：//www. china-embassy. or. jp/chn/zrgx/t592177. htm。

③ 《温家宝同日本首相鸠山由纪夫会谈》，中华人民外交部外交部主页，2010 年 5 月 31 日。http：//www. china-embassy. or. jp/chn/zrgx/t705323. htm。

符合两国和两国人民根本利益，也是国际社会普遍期待。”[①] 2011年5月21日，温家宝总理在日本重灾区慰问时发表讲话说：“我们要加强抗灾救灾领域的合作，同时促进中日关系的进一步改善。中日两国人民世代友好，从根本上有利于两国人民的根本利益，也有利于亚洲乃至整个世界的和平与繁荣。”[②] 2011年8月30日，温家宝总理致贺电给日本新任首相野田佳彦，指出“中日互为重要近邻，都是亚洲和世界具有重要影响的国家。发展长期稳定、睦邻友好的中日关系，符合两国和两国人民的根本利益，也有利于亚洲乃至世界的和平、稳定与繁荣。”[③]

20世纪90年代以来，在中日关系最前沿的历任驻日大使在论及中日战略关系时，均反复提及“友好”，认为“中日两国既是友好的近邻，同时经济互补性也很强”，[④] “中日两国国情各异，社会体制不一样是正常的，这不应影响我们之间的友好交往”[⑤]，“合作、友好相处会使两国都能

① 《胡锦涛会见日本首相菅直人》，中华人民外交部外交部主页，2010年6月27日。http：//www.china-embassy.or.jp/chn/zrgx/t712043.htm。

② 《温家宝抵达日本重灾区慰问并在废墟上发表讲话》，中华人民外交部外交部主页，2011年5月22日。http：//www.china-embassy.or.jp/chn/zrgx/t824335.htm。

③ 《温家宝总理电贺野田佳彦当选日本首相》，中华人民共和国驻日本大使馆主页，2011年8月31日。http：//www.china-embassy.or.jp/chn/zrgx/t853747.htm。

④ 《陈健会长2010年10月接受东方时空采访录音整理稿》，中国联合国协会主页，2011年5月30日确认。http：//www.unachina.org/hczs/hzft/267556.shtml。

⑤ 《中国7位大使揭外交内幕：王毅称中日打开僵局》，《环球》杂志，2006年12月11日。http：//news.hsw.cn/system/2006/12/11/004959616.shtml。

受益”,[①]“应该共同努力使两国人民世世代代友好下去。”[②]现任驻日大使程永华表示：“当前国际地区形势正在经历深刻而复杂的变化。在此背景下，中日两国也都迎来了各自改革发展的重要历史时期。全面推进战略互惠关系日益成为双方共同面临的重要紧迫问题。站在新的历史起点上，中日双方应着眼于实现两国和平共处、世代友好、互利合作、共同发展的大目标，不断增进政治互信、不断加强各领域交流合作、不断扩大共同利益。”[③]

此外，中国在注重同日本发展防灾救灾、清洁能源、可再生能源、绿色低碳、循环经济、高科技、防务交流等领域的合作的同时，始终强调推动中日友好关系的合作，尤其是中日民间友好交往。这是中国的一贯立场。2011 年 5 月 23 日，温家宝总理在会见菅直人首相时再次表示，中方将邀请 500 名日本灾区学生来中国休养交流，将与日方一道办好两国“影视周”、“动漫节”活动和 4000 名青少年互访活动，巩固中日友好的民意基础。[④] 10 月 24 日，温家宝总理在会见出席第五届中日友好 21 世纪委员会第三次会议的双方委员时

① 《中国驻日本大使崔天凯谈周边外交、中日关系》，新华网，2009 年 7 月 22 日。http：//www. xinhuanet. com/xhft/20090722/wz. htm。

② 《武大伟副部长谈中日就东海问题达成原则共识》，中华人民共和国驻日本大使馆主页，2008 年 6 月 20 日。http：//www. china-embassy. or. jp/chn/zrgx/t467119. htm。

③ 《新任驻日大使：推动中日战略互惠关系深入向前发展》，新华网，2010 年 4 月 13 日。http：//news. xinhuanet. com/world/2010 – 04/13/c_ 1231241. htm。

④ 《温家宝与日本首相菅直人举行会谈》，中华人民外交部外交部主页，2011 年 5 月 23 日。http：//www. china-embassy. or. jp/chn/zrgx/t824465. htm。

再次强调："中日友好的根基在民意，在两国的国民感情。"[①] 可以看到，在中国方面看来，在进入"战略互惠关系"的新阶段后，中日关系仍然并不仅仅是以"利益"为出发点的，"友好"仍然是两国关系发展的重要基础、内容和目标。

二、日本：从"政经分离"到"战略互惠"

与此相对，日本方面对"战略互惠关系"的认识似乎与中国有所不同。战后初期，日中两国关系经历了非正常化的阶段。从战后初期到20世纪80年代，日本虽然长期由保守势力掌权，但民间对于和平民主的呼声高涨，很多进步人士要求与社会主义的新中国加强关系，也有很多日本国民热情支持两国世代和平友好。在中日邦交正常化和战后五十周年等时期，几任日本内阁都表现出了重视中日友好的态度。到了20世纪90年代，日本保守化、"右倾化"的思想急剧抬头，[②] 日本政界开始追求"正常国家化"，许多对于过去战争缺乏充分反思的言论和行为损害了与包括中国在内的亚洲国

① 《温家宝称中日关系总体形势好 友好根基在民意》，中华人民共和国驻日本大使馆主页，2011年10月24日。http：//www.china-embassy.or.jp/chn/zrgx/t870060.htm。

② 事实上，保守思潮并非20世纪90年代才突然高涨，而是和平民主思潮衰退导致日本缺乏对保守势力的制衡。虽然人们通常将和平民主思潮衰退的原因解释为日本国内社会结构的变化和以苏东剧变为代表的国际环境的变化，但是仅凭这些背景无法解释思想界迅速的"转向"。一个典型的例子就是经济增长和经济衰退都曾被用来解释日本政治思潮的右倾化。这不得不使人认为，在客观背景变化之外，还需要关注更深层的思想背景。

家的关系。在这样的背景下，中日关系在曲折中向前发展。从20世纪90年代中期起，在很长一段时间中，“政冷经热”成了两国关系的突出特点，而形成这一局面的主要原因之一是几任日本内阁对中日关系的定位越来越明显地变成了“政经分离”，对中日关系“友好”的定位已经相当淡化，而“利益”的定位日益凸显为最大的诉求。

如前所述，“战略互惠关系”的定位早在1998年前后就开始酝酿了，但由于当时日本各界对于“战略”一词比较敏感，最终双方没有采用这个提法。而从2006年开始，日本主动提出要与中国发展“战略互惠关系”。这一次，日本方面的考虑是：“如果只提‘友好’，双方对某些问题存在异议也不好直说，好像说了就会影响‘友好’；可是日中关系绝对不是只谈友好就可以真正好起来的，比如东海问题、钓鱼岛问题乃至历史观问题等等，都需要双方平等协商，才能真正互相了解，最终达成共识。日本希望和中国之间形成‘一种可以直抒胸臆的关系’。”① 基于这样的认识，日本改变了将“战略”一词拘泥于“同盟”关系的理解，而将其视为全面合作，开始推动“战略互惠关系”的建立。可以看到，日本方面对“战略互惠”的理解经历了变化的过程，而这种理解与“友好”存在一定距离，甚至在某种意义上是对“友好”这一定位的替代。

---

① 发言者为日本外务省国际报道官。《中日关系将调整定位》，《世界新闻报》，2007年4月11日。http://gb.cri.cn/12764/2007/04/11/2225@1541033.htm。

“战略互惠关系”的实际构建始于安倍晋三内阁时期，但安倍内阁对中日关系的定位并非“和平友好”，而是“政经分离”。虽然安倍上台后即访问中、韩，并多次强调要修复与亚洲邻国的关系，但在历史问题上，安倍自官房长官时代起，就一面赞同前首相村山富市的道歉声明，一面否认东京审判、否认中日邦交正常化时两国达成共识的“战犯民众二分论”；一面避免“正式参拜”靖国神社的表态，一面暗中参拜，并认为邻国不应因参拜问题停止互访。实际上，解读这种“暧昧”政策的关键词恰恰是小泉纯一郎内阁已经开始实践的“政经分离”。安倍在当选前后多次提出要以“政经分离”界定中日关系。例如，围绕参拜靖国神社问题，他强调，不应让政治问题影响互惠关系。但是，这与“不应让参拜问题影响互访”一样，并非意味着要改善政治关系，而是强调要保障经济关系。他希望“将与中国建立起紧密于现在的，经济性的互惠关系。”[①] 但是，这种关系实际并非是对“政冷经热”的改善，而是对“政冷经热”的维持。

“政经分离”虽然并非日本历届内阁一贯的明确主张，但能够代表日本国内一些人的看法。目前中日关系的定位已从“政经分离”过渡到“战略互惠”，但日本方面对于“战略互惠关系”的认识仍不同于中国的“和平友好”基调。对此，从日本历任内阁在谈及“战略互惠关系”时的主要内容可以略见一斑。

① 参见安倍晋三『美しい国へ』(文藝春秋、2006年) 第五章。

安倍晋三内阁辞职后，中日“战略互惠关系”在福田康夫首相任内正式确定。在2008年5月的《中日两国政府关于加强交流与合作的联合新闻公报》中，除了涉及“青少年友好交流”等具体事项，并没有写入“友好”的定位。[①] 日本历届内阁领导人在提及“战略互惠关系”时，对于“友好”的强调也远远少于中国。例如，在前述2008年以来中日领导人历次会晤中，日本领导人虽然表示重视两国关系，但更强调的是“日中两国有责任为亚洲乃至世界和平与发展作出努力，为此双方应不断增进了解，增强互信，加强互惠合作”[②] 的基调。除了时有提及“增进两国人民的感情”，并在个别情况下谈到“和平友好条约的精神”或“积极鼓励青少年交往，增进两国民间友好”，日本方面在谈及“战略互惠关系”时都基本上没有使用“友好”的提法。[③]

2009年9月，日本政坛由民主党取代长期执政的自民党主掌政权，民主党内部以小泽一郎在党首选举中的失利为标志，也开始体现出新老交替的气象。但此前占政界主流的保守思想虽然受到一定的挑战，却尚未发生根本性的改变。

① 《中日两国政府关于加强交流与合作的联合新闻公报》，中华人民外交部外交部主页，2008年5月12日。http：//www.china-embassy.or.jp/chn/zrgx/t451605.htm。公报中使用“友好”一词仅限于提及“新一届中日友好21世纪委员会”和“青少年友好交流”，以及“为增进中日两国人民的友好感情，中方同意向日方提供一对大熊猫”。

② 「胡錦濤中国国家主席の訪日（日中首脳会談の概要）」，日本国外務省HP，2008年5月7日。http：//www.mofa.go.jp/mofaj/area/china/visit/0805_sk.html。

③ 参见日本外务省和中国外交部对2008年以来两国领导人会晤的相关报道。

2010年6月11日，菅直人首相在施政演说中表示，他的构想是以现实主义而非意识形态为基调推进外交，具体地，要“以日美同盟为基础，同时加强与亚洲各国的合作”。关于中国，施政演说主要提到了“深化战略互惠关系”，但对于如何深化这种关系并没有具体展开。不过，演说中有一些相关的地方：一方面，日本要在“观光立国”的方针下，在鸠山内阁的基础上大幅放宽对签证的限制，吸引更多的中国游客；一方面，日本要“同以亚洲国家为主的周边国家强化政治、经济、文化等各个方面的关系，未来构想东亚共同体的建立”。[①] 从这些原则来看，日本并没有像当年那样只强调经济，但仍然在对华外交中重视现实的经济关系。

在2010年9月发生钓鱼岛撞船事件后，两国关系一度陷入僵局。中国对日方违反国际法的行为提出了严正交涉。此后，中国注意到日方改善两国关系的表态，表示愿与日方共同维护和推进战略互惠关系，希望日方以实际行动体现诚意。2010年11月13日，胡锦涛主席在出席亚太经合组织第十八次领导人非正式会议期间应约同菅直人首相会晤。胡锦涛主席强调，“中日两国走和平、友好、合作之路是符合两国和两国人民根本利益的正确选择。双方应该从战略高度和长远角度，恪守中日四个政治文件确定的各项原则，牢牢把

① 以上施政演说内容均出自「菅内閣総理大臣の所信についての演説」（第174回国会本会議第35号会議録、平成22年6月11日）。http://www.shugiin.go.jp/itdb_kaigiroku.nsf/html/kaigiroku/000117420100611035.htm?OpenDocument。

握中日关系发展的正确方向，努力推动中日战略互惠关系沿着健康稳定的轨道向前发展。双方应共同努力，持之以恒开展民间和人文交流，增进两国人民相互了解和友好感情。中日互为主要经贸合作伙伴，双方应继续深化双边互利合作，在国际事务中加强对话协调，共同致力于亚洲振兴，共同应对全球性挑战。”[①] 在此，“友好”仍然是中国方面强调的定位。对此，根据中国方面的报道，“菅直人首相表示完全赞同胡锦涛主席关于中日关系发展的意见，希望双方加强各领域交流合作，推动两国关系进一步改善和发展”。[②] 但在日本外务省关于此次会谈的概要中，没有直接写明关于菅直人首相完全赞同中方意见的内容。根据日本方面的报道，菅直人首相表示要强化两国的战略互惠关系，但并未使用“友好”的提法。[③]

在2011年3月日本东北地区发生严重地震灾害之后，中国开展了援助和慰问行动，日本对此表示感谢，两国关系进一步增进。2011年4月12日，温家宝总理与菅直人首相通电话。对于菅直人首相的谈话内容，日本方面的报道为：“双方一致认为，借今年辛亥革命100周年、明年日中邦交正常化40周年这些重要时机，两国在以下三个方面致力于切

① 《胡锦涛同日本首相菅直人会晤》，中华人民外交部外交部主页，2010年11月13日。http：//www. china-embassy. or. jp/chn/zrgx/t768907. htm。

② 《胡锦涛同日本首相菅直人会晤》，中华人民外交部外交部主页，2010年11月13日。http：//www. china-embassy. or. jp/chn/zrgx/t768907. htm。

③ 「横浜APEC首脳会議の際の日中首脳会談（概要）」、日本国外務省HP、2010年11月13日。http：//www. mofa. go. jp/mofaj/kaidan/s_ kan/apec_ 10/china_ sk. html。

实积累具体成果，以充实‘战略互惠关系’和改善国民感情。（一）开展防灾、核安全、环保领域的合作；（二）为使东海成为‘和平、合作、友好之海’而共同努力；（三）进一步加强人文交流。”① 而中国方面的报道为：“菅直人说，日中两国是一衣带水的友好邻邦，日方高度重视日中关系，愿同中方共同努力，加强两国在防灾救灾、核安全、清洁能源、人文等领域的交流与合作，推动日中战略互惠关系向前发展。”② 2011 年 5 月 22 日，温家宝总理和菅直人首相举行会谈。对于菅直人首相的谈话内容，中国方面的报道为：“菅直人表示，日本特大地震海啸灾害发生后，中国政府和人民立即表示亲切慰问并提供宝贵援助。温家宝总理一抵达日本就专程赴灾区慰问，使日本人民深受感动和鼓舞，有力增进了两国人民之间的友好感情。他感谢中方有关进一步支持日方救灾和灾后重建的措施和建议，表示这将有力支持日本的灾后重建工作。日方愿进一步密切两国高层交往和各级别磋商，加强经贸、节能环保、旅游、人文等领域的交流合作，推动两国战略互惠关系向前发展。”③ 而日本外务省在关于此次会谈的概要中没有写明上述关于“友好”的内容，只记载了菅直人应落实两国关于东海成为“和平、合作、友好

① 《日中首脑电话会谈》，日本国驻华大使馆主页，2011 年 4 月 12 日。http://www.cn.emb-japan.go.jp/fpolicy/j-c110412.htm。

② 《温家宝同日本首相菅直人通电话》，新华网，2011 年 4 月 12 日。http://www.china-embassy.or.jp/chn/zrgx/t814556.htm。

③ 《温家宝与日本首相菅直人举行会谈》，中华人民外交部外交部主页，2011 年 5 月 23 日。http://www.china-embassy.or.jp/chn/zrgx/t824465.htm。

之海”的建议。[①]

可以看到，中国方面的报道重视日本关于“友好”的说法，而日本方面的报道并不将涉及“友好”的言论当作最值得关注的内容。这本身也可以说明两国在“友好”这一定位方面的差异。此外，虽然中日两国的相关报道显示菅直人首相曾多次提及“友好”的说法，但从他发言的内容来看，他主要强调的仍然是两国的互利合作。

2011 年 8 月，日本政坛再次发生变动，由民主党的野田佳彦出任首相。野田曾多次在接受媒体采访时表示，为迎接 2012 年日中邦交正常化 40 周年，将深化两国的战略互惠关系。[②] 在谈及 2010 年 9 月发生的钓鱼岛撞船事件时，野田表示：“（日中）两国构筑防止冲突的危机管理联络机制是十分重要的。同时也很有必要建立与中国的复合型人脉关系，增加两国的相互信赖。”[③] 就钓鱼岛和历史认识等问题，他还指出：“虽然有时会发生难解的问题，但为了不影响日中关系全局，双方都必须从大局出发作出努力。”[④] 这些言论都表明，日本新内阁主张继承中日“战略互惠关系”的定位，并

① 「日中首脳会談（概要）」、日本国外務省 HP、2011 年 5 月 23 日。http：//www. mofa. go. jp/mofaj/area/jck/summit2011/jc_ gaiyo. html。

② 《日本新首相野田佳彦直指中国军事透明》，《环球时报》，2011 年 9 月 22 日；《日本首相野田佳彦表示将深化日中战略互惠关系》，人民网，2011 年 9 月 25 日。http：//japan. people. com. cn/35469/7603930. html。

③ 《日本新首相野田佳彦直指中国军事透明》，《环球时报》，2011 年 9 月 22 日。

④ 《日本首相野田佳彦表示将深化日中战略互惠关系》，人民网，2011 年 9 月 25 日。http：//japan. people. com. cn/35469/7603930. html。

强调两国的相互信赖和大局意识。

但与此同时，野田在提及中日关系时，主要的着眼点仍是中日两国的具体合作。2011 年 9 月 13 日，野田在众议院发表就职后的首次施政演说。该演说指出，日美同盟是日本“外交和安全保障的基轴”。在中日关系方面，“在来年中日邦交正常化四十周年之际，将在各个领域推进两国的具体合作，在促使中国作为国际社会负责任的一员进一步提高透明度、承担相应任务的同时，深化两国的战略互惠关系”。[①] 在接受美国媒体采访时，野田还强调：“中国提高军事力量的透明度是第一重要的事。在海军方面也是，国际社会都在期待中国能够进一步说清楚自己的情况。”[②] 同时，他还提出，关于朝鲜绑架日本人问题，将促使中国向朝鲜施加更大的影响力。[③] 可以看到，在论及两国关系时，首先被提及的是“两国的具体合作”和“促使中国提高透明度”。“从大局出发做出努力”的目标虽然是“日中关系的全局”，但“大局”的含义是战略高度还是避免冲突、“全局”的含义是超越现状还是维持现状，还需要拭目以待。

2011 年 12 月 25 日—26 日，野田对中国进行了为期两天的正式访问。这是民主党执政后日本首相首次访华。在两国

---

① 「野田内閣総理大臣の所信についての演説」、衆議院本会議会議録、第 178 回（臨時会）第 1 号、2011 年 9 月 13 日。http：//www. shugiin. go. jp/index. nsf/html/index_ kaigiroku. htm。

② 《日本新首相野田佳彦直指中国军事透明》，《环球时报》，2011 年 9 月 22 日。

③ 《日本首相野田佳彦表示将深化日中战略互惠关系》，人民网，2011 年 9 月 25 日。http：//japan. people. com. cn/35469/7603930. html。

领导人的会谈中，胡锦涛主席和温家宝总理都表示：中日两国坚持走和平、友好、合作之路，不断巩固和发展战略互惠关系，有利于实现互利双赢、共同发展，也有利于亚洲和世界的和平、稳定与发展、繁荣。2012 年将迎来中日邦交正常化 40 周年。中方愿同日方一道，高举中日友好旗帜，精心筹划和办好“中日国民交流友好年”等各项活动，按照中日四个政治文件确定的各项原则和双方达成的一系列重要共识，本着以史为鉴、面向未来的精神，增进政治互信，扩大交流合作，共同开创中日战略互惠关系的新局面。[①] 野田表示：“双方要以明年日中邦交正常化 40 周年为契机，加强政治互信和高层交往，促进两国国民交流，提升两国经济互惠关系，加强经贸、环境、金融、旅游等领域合作，促进亚太地区和平与繁荣，不断深化日中战略互惠关系。”[②] 在此仍然可以看到，虽然两国共同确认了深化战略互惠关系的方向，但中国方面的“友好”基调仍然比日本方面更加浓厚。

综上所述，虽然 2011 年中日关系取得了重大进展，但并不足以说明“友好”也将开始成为日本对中日“战略互惠关系”的定位，日本在对华关系方面仍强调实际的经济互利和具体合作。在这个意义上，可以说日本对“战略互惠关系”

---

① 参见：《温家宝与日本首相野田佳彦举行会谈》，日本国驻华大使馆主页，2011 年 12 月 25 日。http：//www.fmprc.gov.cn/chn/pds/gjhdq/gj/yz/1206_25/xgxw/t890333.htm；《胡锦涛会见日本首相野田佳彦》，新华网，2011 年 12 月 26 日。http：//www.china-embassy.or.jp/chn/zrdt/t890581.htm。

② 《胡锦涛会见日本首相野田佳彦》，新华网，2011 年 12 月 26 日。http：//www.china-embassy.or.jp/chn/zrdt/t890581.htm。

的定位主要是“互惠”而不是“战略”，日本对两国关系的理解也与中国以“和平友好”为基调的理解存在着差异。到底“互惠”和“战略”这两方面的权重在日本未来对华关系的实践中将如何体现，对于中日战略互惠关系的发展将十分重要。

三、中国与日本：对于“战略”的认识

需要强调的是，中日两国在谈及“战略互惠关系”时措辞的差异并不只是两国政府或领导人的用语习惯问题，而是反映了两国对于战略互惠关系的理解和定位。总体而言，中日两国虽然已经就构筑“战略互惠关系”达成共识，但到目前为止，两国对于“战略互惠关系”的定位并不完全一致。相比较而言，中国更强调“战略”，而日本更强调“互惠”；中国的基调仍然没有脱离“和平友好”，而日本的基调更倾向于“互利合作”。这种定位上的差异正是造成两国“战略互惠关系”出现波折、造成人们对中日关系的预期在两个极端摇摆的原因之一。

那么，应当如何认识中日两国在“战略互惠关系”上的定位差异？如前所述，这种差异并不是孤立的现象，两国在一定程度上都延续了各自对于两国关系的历史定位。可以说，这种延续是与两国的整体战略思想的特征相联系的。两国整体战略思想的比较需要在具体、全面、历史地

研究中日两国相关思想的基础上进行，并非本文所能完成的任务，因此将在其他文章中专门讨论。但这里想要指出的是，中日两国在“战略互惠关系”上的定位差异无法以现有的“国家利益不同”或“战略文化不同”等说法进行简单解释，两国对于“战略”本身的认识差异也是值得充分关注的。

首先，中日两国在“战略互惠关系”上的定位差异无法以“国家利益不同”进行简单解释。一方面，中日两国既存在分歧，也存在共同利益，“战略互惠关系”作为中日关系发展的未来方针，本身就是希望在上述前提下推动两国在各种领域内的互利合作、共同发展。两国国家利益的不同无疑将影响两国推进互利合作的方式和进程，但国家利益的不同并不必然决定两国对“战略互惠”关系的定位差异。如果以国家利益为由拒绝争取两国关系的发展，就不再是定位差异的问题，而是对战略互惠关系的违背。另一方面，中日两国建立战略互惠关系的着眼点并非只是从“国家利益”的层面出发的。其中，正如前文所指出的那样，中国方面强调“和平友好”的考虑尤其不能简单以“利益”来概括。

其次，中日两国在“战略互惠关系”上的定位差异无法以“战略文化不同”进行简单解释。目前国内学界已有学者从“战略文化”的角度对两国的安全战略、对外战略进行了分析。这种视角关注战略思想对具体政策和关系的影响，本身是值得肯定的。但是，许多现有研究对于“战略文化”的叙述尚停留在标签式的特征描述，需要进一步准确和深化。在运用“战略文化”的分析视角时，必须充分注意到战略思想和相关历史的复杂性，尤其不能以对一国“战略文化”的片面概括作为判断的标准。例如，日本在各个历史时期存在各种与战略相关的思想，其思想内涵需要具体分析。“从尊王攘夷到尊王扩张”与“尚武”、“军国主义”看似相同，实际却存在一定差别；而当代的“经济现实主义”、“普通国家论”，甚至某些“和平主义”、“国际贡献论”，看似与上述思想大不相同，实际却可能有相似之处。应当说，日本在战略文化方面所体现的合理主义、实用主义等特征确实对其内外政策有重大影响。但是，如果只是贴标签式的“战略文化”描述，不论是“中国爱好和平、日本尚武”，还是“日本爱好和平，中国是一种威胁”，都不是对两国战略思想特征的全面概括，因此也难以澄清两国为何在“战略互惠关系”的定位上存在差异。

事实上，要认识中日两国在“战略互惠关系”上的定位差异，还需要充分关注两国对于“战略”本身的认识差异。

在中国，“战略”堪称学术讨论的热点词汇。仅以学界的日本研究为例，就涉及日本的“安全战略”、“文化战略”、“大国战略”、“东亚战略”、“东亚合作战略”、“战略合作”、“战略回应”、“战略文化”、“战略意愿”、“国家战略”、“国家安全战略”、“国家发展战略”等等。考察具体研究则不难看出，这些“战略”的含义并不都处于同一个层面，有些指的是“大战略”，有些指的是“战略性高度”，有些则等同于“政策”甚至“对策”。在现代汉语中，“战略”的基本含义已不仅限于军事领域，是与“政策”相对、高于“政策”的。与此相对，在日本，“战略”一词主要与军事、战争等相关，其转义则多以克服困难、解决问题的含义为主。根据《广辞苑》的解释，“战略”指的是“比‘战术’更加广泛的作战计划。统合各种战斗、从全局出发进行战争的方法。作为转义，指在政治社会运动等过程中，确定主要敌人及应当采取的应对方法等内容。例如，‘销售战略’”。也就是说，“战略”是与“战术”相对、广于“战术”的。在野田佳彦首相就职后的首次施政演说中（2011 年 9 月 13 日，众议院），除了中日“战略互惠关系”之外，还提到了“能源战略”、“经济增长战略”、“震后复兴战略”，以及“战略性地推进”“经济合作”和“周边海域、宇宙空间开发”等。[①] 可以看到，“战略”的含义主要是“解决问题的综合性方案”，但也有“全面性、长期性”的含义。

在中日“战略互惠关系”中，中日双方对于“战略”的认识也存在具体的差异。这种差异在中日两国构筑“战略互惠关系”的过程中已经有所显现。如前所述，中国从 1997 年开始就已经开始考虑以“战略”定位 21 世纪的中日关系，但由于当时日本各界对于“战略”一词比较敏感，最终双方

① 「野田内閣総理大臣の所信についての演説」、衆議院本会議会議録、第 178 回（臨時会）第 1 号、2011 年 9 月 13 日。http：//www. shugiin. go. jp/index. nsf/html/index_ kaigiroku. htm。

没有采用这个提法。造成这一情况的原因之一正是双方对于“战略”的认识差异：中国的“战略”提法侧重于“战略高度”和“大局”；而日本拒绝这一提法的原因，一方面是考虑到与美国的关系，一方面就是“战略”一词在日本多被理解为有军事方面的意义，并被认为接近“同盟”而非“全面合作”。[①] 从2006年开始，日本开始转变对于“战略”的认识，不再认为其必然与“军事”或“同盟”相关，两国“战略互惠关系”得以进展。但是，日本方面的认识仍然与“战略高度”、“大局”有一定的距离。

需要指出的是，中日两国对“战略互惠关系”中“战略”的认识差异也并不是单纯的语言问题，而是与对两国关系的认识相关。在“战略互惠关系”中，中日两国对“战略”的理解既有重合的部分，也有明显的分歧。具体而言，在中国方面看来，“战略互惠关系”是具有层次性的，既包括“战略目标”，又包括“战略实现方式”；与此相对，到目前为止，日本方面在提及“战略互惠关系”时则主要侧重于“实现方式”。目前中日双方虽然在“战略实现方式”的层面上达成了共识，但中国方面同时强调“战略目标”层面的“战略性”、“战略高度”，而日本方面的认识主要停留在“战略实现方式”层面，缺乏对“战略目标”层面的充分注意。

---

① 发言者为日本外务省国际报道官。《中日关系将调整定位》，《世界新闻报》，2007年4月11日。http://gb.cri.cn/12764/2007/04/11/2225@1541033.htm.

四、中日关系：推进“战略互惠”，警惕“政冷经热”

应当认识到，中日两国的“战略互惠关系”既包括具体的战略实现方式，也当然包括长期的战略目标。在这样的关系框架下，两国在各个领域的具体合作不应当是静态的、孤立的，而应当是动态的、符合两国友好的未来发展方向。虽然中日两国在各个领域加强务实合作是实现战略互惠关系的主要途径，但如果脱离了“和平友好”这一长期目标，两国间在许多领域的互信与合作就很难真正实现。只强调各自的经济利益而忽视对两国政治、社会关系的改善，甚至还有可能再次使两国关系回到“政冷经热”的局面，导致“战略互惠关系”难有实质性的进展，这对于两国关系的长期稳定和发展无疑是不利的。

有观点认为，鉴于日本的种种表现，中国应该放弃对日本的“幻想”，只谈利益，不谈友好。但笔者认为，长期以来中日两国人民对于中日关系“和平友好”的定位基调值得珍视，从真正的战略高度去发展中日关系也是正确的方向。世界各国已经开始面对越来越多的共同挑战，需要人们用更长远的眼光去共同认识和解决问题。而这一方面需要人们去寻找和捍卫共同的战略利益，一方面也需要人们超越某些短期利益，向建构长期关系的方向努力。发展中日关系仅靠对共同利益的强调难以实现突破，即使是为了双方共同的战略利益，也不应该放弃对友好的追求。中国领导人曾多次指出，中日友好的基础在民间。中日两国人民都乐于看到两国实现真正长期稳定的关系，实现真正的和平友好。这种真诚的声音是无法被忽视的。[①]

与此同时，鉴于中日两国目前对于“战略互惠关系”的定位并不完全相同，不能完全排除日本向“政经分离”摇摆的可能性。正如蒋立峰教授所指出的，“‘战略互惠’关系，绝不是低层次的封闭性经济互利关系，而是全面合作、实现共赢的高层次的开放性战略性关系”，但日本国内仍有许多人对此缺乏足够的认识，甚至片面强调“单惠”。[②] 此外，中日关系中一些长期存在的问题并未消失。例如，除了钓鱼岛问题、东海问题和教科书问题，“大家一起来参拜靖国神社国会议员之会”等组织仍然存在，其成员近年来曾多次（包括 2011 年 8 月和 10 月）参拜靖国神社，其中不乏日本政界知名人士，如自民党总裁谷垣祯一、前首相安倍晋三、前首相森喜朗、国民新党党首龟井静香和十多名民主党现任议员等。在此情况下，中国应当意识

① 根据两国近年来的舆论调查，中日两国民间对对方国家的好感度并不令人乐观。但中日两国多数人民期待两国友好也是不容忽视的事实。例如，虽然未经严密调查，笔者曾在大学多个课堂询问中国学生是否认为未来中日关系的定位应坚持“和平友好”而不仅仅强调“利益”，每次赞成意见均占大多数。

② 蒋立峰：《战略互惠 合作共赢：中日关系发展新阶段》，《日本学刊》，2008 年第四期。

到中日两国对“战略互惠关系”的定位有可能存在差异，关注日本的定位与实践的变化。尤其是，中国需要对那些想使两国关系长期固定于“政冷经热”的行为保持警觉。具体而言，一方面应在开展中日各个领域务实合作的同时，继续加强高层和民间友好往来，争取使日本方面进一步认识到和平友好和信赖关系对于两国的重要意义。另一方面，应正视中日关系存在的问题，对日方损害中日两国关系基础的行为予以坚决回应。对于历史问题、教科书问题、东海问题等，既要以战略的眼光看待，又不能在原则问题上让步，从真正的战略高度出发，注意避免“战略互惠”成为实际上的“政冷经热”。

中亚地缘政治变化与地区安全趋势

许　涛*

20年前，作为冷战结束标志性事件的苏联东欧阵营解体，十多个原苏联共和国获得独立，其中哈萨克斯坦、乌兹别克斯坦、吉尔吉斯斯坦、塔吉克斯坦和土库曼斯坦五国从此开始了真正意义上的主权国家历史。这一重大历史变化改写了欧亚地区近两个世纪以来的地缘政治格局及其发展走向。使中亚地区①作为冷战后国际关系中一个活跃板块出现在世界政治舞台上，并在全球化进程中以其重要战略地位吸引着国际社会关注的目光。回顾和总结这20年来中亚地区的演变进程，对进一步认识该地区的特殊性及其地缘政治和安全走向具有重要意义。

一、中亚国家发展模式选择与社会转型探索

在中亚历史上，无论是外来征服者建立的强大王朝还是

---

* 许涛，中国现代国际关系研究院俄罗斯所研究员。

① 本文所涉及的“中亚地区”为当今国内国际关系与国际政治学界通常使用的概念，包括苏联解体后独立的哈萨克斯坦、吉尔吉斯斯坦、塔吉克斯坦、乌兹别克斯坦和土库曼斯坦等5个国家，与历史上的"中亚"地理概念有所区别。

本土民族建立的公国和汗国，都与地理大发现和工业文明广泛传播后的国家定义有很大差别。从17世纪下半叶沙俄帝国在中亚地区建立“突厥斯坦总督区”，到20世纪20—30年代苏联建立哈萨克斯坦、吉尔吉斯斯坦、塔吉克斯坦、乌兹别克斯坦、土库曼斯坦5个苏维埃社会主义共和国，中亚各主体民族均未能独立自主地参与民族国家发展进程。换句话说，直到20世纪90年代苏联解体前，中亚各民族均未经历过真正意义上的国家建设实践。因此，在冷战结束后的大动荡时期，自主进行主权国家建设对中亚各国政治家而言无疑是一个极其复杂而艰难的任务。

独立初期，中亚各国面临草创建国、百废待兴的局面，建立什么样的国家政治体制和社会发展模式，必须要与解决当前面临的现实问题和长远发展相结合。对于新生的中亚各国政权来说，亟待解决的重大问题有以下几个：一是完成与苏联政治制度的历史交割，迎合主流国际社会的普世价值观，拒绝伊斯兰宗教极端主义势力进入国家政权，最大限度地被世界接纳，为未来发展争取广大的外部空间；二是确保国家机器运转的高效率，维持行政权力相对集中的体制特点，以应对和克服原体制瓦解与社会转型带来的冲击，严防宗教极端主义和民族分离主义抬头，为维护社会稳定和国家安全发挥积极职能；三是主导新生民族国家意识形态体系的重建，从本民族历史和伊斯兰宗教文化中汲取营养，建立新时期的社会核心价值观和主流文化体系，及时填补原苏联思想体系被否定后的社会精神空白。遵循以上宗旨，中亚各国开始了政治体制建设和新旧社会转型的探索。

中亚各国在最初阶段设定的政体目标过于理想化。在初获国家主权后的政治热情作用下，中亚各国精英将国际社会的希冀和要求作为设计新国家政治蓝图的重要参照系之一。以历史的眼光反思当时中亚国家的普遍选择，不难理解当时这些国家领导层的顾虑。中亚国家的诞生是冷战结束派生的结果，因此，顺应世界政治力量的战略性重组，是中亚新生政权在国际社会获得合法地位的必要姿态。而此时，处在冷战赢家地位的西方集团针对后苏联版图内的新生国家毫不含糊地提出了具体要求，并将“帮助他人从专制独裁的废墟中建立民主”作为其针对性外交的重要方针。[①] 在这种国际背景下，建立“民主的法制国家、多元的政党政治、开放的市场经济”等成为中亚各国领导人必须追求的国家体制建设目标。[②] 如果说按照国际社会主导力量的标准来设计国家制度对于中亚政治家们多少有些迫不得已的话，那么他们对世界历史遗产尤其是当代转型国家成功经验的研究与汲取，则充分体现了其高度的政治智慧。他们理智地认识到，在后冷战时代，制定新生国家的发展战略大可不必完全另辟蹊径，“那些已经很好地实现了战略转型的国家所积累的经验”可

① ［美］克里斯托弗著，苏广辉等译：《美国的新外交：经济、防务、民主》，新华出版社 1999 年版，第 10—22 页。

② ［乌］伊斯拉姆·卡里莫夫著，陈世忠、邱永译：《乌兹别克斯坦沿着深化经济改革的道路前进》，中国国际文化出版公司 1996 年版，第 8 页。

供借鉴。①

有美国学者对中亚独立后最初的转型努力做出了这样的评价：初次尝试独立建国的中亚国家不太可能弄明白建国的真正含意，因为苏联时代的领导人仍在这些国家掌权，他们并没有表现出比以前更多（有时更少）地推动向民主政治过渡的倾向。② 这种观点在西方政界和学界极具代表性：尽管苏联已不复存在，但占据原苏联地区国家领导岗位的仍是前苏共高级领导人。这既是令西方不能容忍的现象，也是让西方难以理解的事实。尽管这种带有强烈指责意味的评估失之主观，因为它忽略了此时中亚国家平稳发展的两个重要条件：政治建设的历史继承性和中亚政治文化的特殊性。但它却真实地反映了独立初期中亚政体的发展曲线。

复杂的地区安全形势和严重的国内社会危机，很快使中亚各国领导人放弃了不现实的构想。总统与议会、宗教与世俗、主体民族与其他民族，转型时期的各种矛盾不断激化，新生国家政权的生存受到空前威胁。形势变化促使中亚各国领导人开始调整治国方略，他们除了承袭原苏联政治的部分遗产外，更多地从上千年中亚游牧历史的社会政治文化中发掘出了极具针对性的“威权主义”传统。二者的结合构成了

① ［哈］努尔苏丹·纳扎尔巴耶夫等，哈依霞译：《前进中的哈萨克斯坦》，民族出版社2000年版，第56页。

② ［美］玛莎·布瑞克著，李维建译：《中亚的第二次机会》，时事出版社2007年版，第12—18页。

中亚国家政治体制的共同特征，即总统制。这一政体被中国学者形象地解读为“强总统、弱议会、小政府”[①]，其基本内涵包括：总统集国家元首和政府首脑于一身，或总统实际上有效地制约着政府；宪法赋予总统拥有解散议会的权力，使总统能够通过议会有力控制各政党和社会团体；强势总统党主导下的多党制，或索性公开的一党制。中亚各国领导人确信：“总统权力的垂直体系集中了国家元首和行政首脑的全部权力，是新国家制度大厦的承重结构。”[②] 正是依托这种特殊的“承重结构”，中亚各国政权走出了草创时期的风雨飘摇，并在20年的发展中承担起确保国家主权独立、领土完整的职责，基本完成了复兴国民经济、引导民族和解、维护社会稳定等重大使命，并在此基础上实现了国家政治和经济体系的重建。[③]

目前，中亚各国进入了国家发展的成熟期，同时也面临着一些重要的共性问题。一是以个人为中心的总统制权力面临更迭。在经历20年充满挑战的政治生涯后，中亚国家当政的原苏联地方领导人无论在精力上还是在政治资源方面都已

① 潘志平：“中亚国家政治体制的选择：世俗、民主、威权、无政府”，《俄罗斯中亚东欧研究》，2011年第1期，第10页。

② ［乌］伊斯拉姆·卡里莫夫著，周恒云等译：《临近21世纪的乌兹别克斯坦：安全的威胁、进步的条件和保障》，国际文化出版公司1997年版，第123页。

③ Доклад Президента Республики Узбекистан Ислама Каритова на торжественном собрании, посвященном19-летию Конституции Республики Узбекистан: Наш путь-углубление демократических реформ и последовательное продолжение модернизации? Страны. 13. 12. 2011. http: //uza. uz/ru/politics/17381.（上网时间：2011年12月5日）

消耗殆尽，权力交接不可避免。但多年的总统制强势权力核心一方面阻止了势均力敌的政治对手的出现，另一方面也抑制了社会政治生态的自然发育，这就造成了后续权力出现真空的危险。二是以总统家族为核心的执政联盟面临不同利益集团的挑战。中亚各民族长期游牧的历史，为社会政治注入了浓厚的部族认同意识。在进入现代社会后，这种部族认同的影响仍在，但渐渐被地方认同所取代。这就要求一个权力中心的形成必须具备平衡其他利益集团的能力，不论这些利益集团的分野是部族的还是地方的，否则将出现权力纷争，引起社会动荡。三是保持国家政治经济独立发展与适应全球化进程的矛盾。多数中亚国家采取了特立独行的国家发展模式．这既需要解决国内稳定与发展问题的政治智慧，也需要顶住国际政治压力甚至经济制裁的外交勇气。但与国际社会正常沟通不足极易造成中亚政权的自我封闭，这种缺陷在全球化快速发展的今天将导致中亚国家与主流国际社会在对话维度上的缺失。① 总之，我们现在还不能肯定中亚各国已经找到了适合各自国情的发展模式。随着全球政治经济出现大调整、大动荡，中亚国家社会转型将面临更多挑战。

① Сергей Сидоров：В поисках великой мечты. Что изменилось в Узбекистане за последние 20 лет. 20. 04. 2011. http：//www. aif. ru/society/article/42497.（上网时间：2011 年 9 月 18 日）。

二、中亚地缘政治结构的重大变化与未来发展趋势

苏联解体给中亚地区带来的重大影响之一，是在短时间内迅速抽去了原本存在于各国的政治压强，使这些国家在被动地成为独立政治主体后，缺少相应的心理、制度和人才准备。与此同时，中亚地区所处的重要战略地位及其冷战后出现的短暂权力真空，又使它成为各大势力扩大利益空间的目标，来自不同方向的渗透对中亚国家形成了空前的外部影响。强大的外部影响与地区发展需要的结合，形成了改变中亚地缘政治结构的合力。冷战结束以来，被西方学者称作欧亚板块“破碎地带”的中亚地区最大限度地经受了这股合力的整合。而构成这股合力的不同属性和此消彼长，决定着中亚地缘政治发展的基本走向。

其一，“平衡外交”成为中亚各国与世界互动的基本方式。面对冷战后的世界剧变和复杂的地区形势，从未独立自主制定过对外战略和外交原则的中亚各国开始了艰难的外交探索。囿于自身的弱势地位和对外部影响的无奈，中亚各国在积极参与国际社会活动的同时，采取主动姿态吸引外部势力进入本地区，试图借助大国实现中亚在防止大规模杀伤性武器扩散、遏制宗教极端势力蔓延、建立中亚战略缓冲区等

方面的重大关切，并注重调动不同属性的力量在地区内形成制衡，以便从中获得自我发展的机会和空间，或直接得到安全和经济上的援助。对于中亚国家这种开放性的外交实践，中国学者普遍称之为“平衡外交”。[①] 这种外交战略在经过20年的实践后，现在已成为中亚与世界对话和互动的基本方式，并为中亚国家辟出了参与全球化进程的途径，同时也对中亚地缘政治格局变化产生了至关重要的影响。

从表1不难看出，中亚国家平衡外交政策在20年的发展中呈现出这样两个突出特点和趋势：一是前10年调整幅度较小，后10年幅度渐大，这既与各大权力中心此时的蛰伏和观望有关，也受中亚各国自主外交经验积累和国力持续提升影响；二是中亚国家与国际社会及大国在政治、经济和安全领域的互动越来越频繁、越来越紧密、越来越务实。随着世界政治和经济开始新一轮调整，上述特点和趋势将成为中亚地区对外关系的长期特征，并继续影响中亚地缘政治的发展过程。

其二，多主体参与中亚地缘政治构建成为常态。中亚国家对国际社会保持着积极的对话和开放姿态，这使世界性战略力量获得了参与中亚地缘政治格局重组的机会，越来越多的国际政治主体正在加大对中亚地区的关注和投入。

---

① 吴宏伟：“2009年中亚政治经济形与未来发展”，《俄罗斯东欧中亚国家发展报告》（2009），社会科学文献出版社2010年版，第88页。

表1　中亚国家独立后在不同时期的外交实践与地区政局

阶段	阶段性目标	与大国间的互动	标志性事件与地区性安排
I（1991—2000年）	积极参与国际社会活动和地区制度性建设，争取更加广泛的国际认同，在确保主权独立和领土完整的前提下，寻求可依赖的战略力量及合作伙伴，以求在解决国家政权合法性、宗教极端势力威胁、国民经济下滑等现实问题上得到主流国际社会的支持。	美国尚不急于进入中亚，重点放在防止中亚局势失控上，以“和平伙伴关系计划”、“中亚无核区”等准机制化安排对中亚各国进行“无害化处理”和试探性合作； 俄罗斯视中亚地区为独联体阻滞南亚伊斯兰极端主义浪潮冲击的南大门，继续在吉尔吉斯斯坦、塔吉克斯坦驻军，扼守两国与阿富汗边境，并在乌兹别克斯坦、塔吉克斯坦政权危机中伸出援手，显示其对中亚地区安全不可或缺的作用； 中国以稳定西部边疆为目的，积极与中亚各国建立正常外交关系，并在此框架下努力继承和拓展边境谈判成果，申明地区利益，主动与中亚各国建立睦邻友好互信关系。	“伊斯兰复兴运动”、伊斯兰复兴党、塔吉克斯坦内战、“和平伙伴关系计划”、“中亚无核区”、“中、俄、哈、吉、塔关于在边境地区建立军事互信和裁减军事力量的协定”、“上海五国”、“乌兹别克斯坦伊斯兰运动”、“巴特肯事件”。

续表

阶段	阶段性目标	与大国间的互动	标志性事件与地区性安排
Ⅱ（2001—2005年）	在明确大国的战略意图前提下，有所侧重地在不同领域开展对话与合作，利用关键时机主动满足大国需求，同时最大限度创造实现本国利益的时机和条件。	中、俄积极参与建立上海合作组织，以新安全观和新合作理念为主导，打造与中亚各国平等协商、互利互信的欧亚地区互动平台； “9·11事件”发生后，乌、吉等不顾俄一再警告，主动邀请北约军队进驻； 俄对美及北约军事存在耿耿于怀，压吉同意开设俄军基地并与美对峙，造成大国在中亚零距离竞争状态。	上海合作组织、“9·11事件”、北约联军阿富汗反恐行动、乌兹别克斯坦汉阿巴德基地、吉尔吉斯斯坦马纳斯空军基地、吉尔吉斯斯坦坎特空军基地。
Ⅲ（2005—2008年）	“颜色革命”登陆中亚，各国政权合法性再次受到质疑，在调整平衡外交重心的同时，为防范“颜色革命”威胁，重新考量同各大国关系的尺度与合作方式。	美乘格鲁吉亚、乌克兰“颜色革命”势头，急于在中亚扩大“改造后苏联空间”成果；吉“郁金香革命”酿成打砸抢烧动乱事件，中亚各国开始对“颜色革命”持高度警惕和普遍敌意，西方政治家和学者开始反思； 乌因“安集延事件”后拒绝美、欧独立调查而遭制裁，乌美关系倒退，乌俄关系升温；美从乌兹别克斯坦汉阿巴德军事基地撤出。	吉尔吉斯斯坦“郁金香革命”、乌兹别克斯坦安集延事件、乌兹别克斯坦与俄罗斯建立国家联盟、上合峰会外国军队撤出中亚、美国智库推出“大中亚战略”、欧盟推出“新中亚政策”。

续表

阶段	阶段性目标	与大国间的互动	标志性事件与地区性安排
Ⅳ（2008—2011年）	合球性金融危机与相邻地区动荡要求中亚国家与大国间通过合作实现更加有效的利益置换，中亚平衡外交更趋功利和实用。	俄利用吉政权腐败引发的社会危机，教训游离于大国之间玩“变脸”游戏的巴基耶夫；美宣布从阿富汗撤军日期，大国加紧围绕乌、塔做工作：欧盟解除对乌武器禁运，美推出“新丝绸之路计划”，希拉里·克林顿访塔时高调表彰拉赫蒙总统民主建设成就。	全球金融危机、吉尔吉斯斯坦“第二次郁金香革命”、吉尔吉斯斯坦奥什骚乱、西亚北非“阿拉伯之春”、美国“新丝绸之路计划”。

在中亚地区经营近两个世纪的俄罗斯充分利用传统资源，对地区政治经济发展方向施加重大影响。但经历20年的消耗后，俄的影响力正由量的衰减走向质的削弱。政治体制的雷同使俄在中亚推行地区一体化有更多共同语言，然而出于对让渡利益甚至主权的担心，俄主导的独联体越来越受到冷落。针对中亚地区日益复杂的地缘政治前景，俄试图继续强化军事存在，并在人们充满猜测和议论的梅普交接前重提欧亚联盟构想，① 但中亚各国的回应不再全是积极的。② 作为

① Путин В Новый интеграционный проект для Евразии-бедущее рождается сегодня《Известия》, 04 10 2011 http：//evrazia. org/article/1801.（上网时间：2011年11月7日）。

② Черников С.：Что даст Кыргызстану вхождение в Томоженный союз? 05. 12. 2011. http：//polit. kg/conference/3/90.（上网时间：2011年12月12日）。

在中亚地区继续保留人文影响力的重要载体——俄罗斯族人口，其希望回迁俄罗斯国内的比例越来越高，据统计近10年有上百万俄罗斯族人口迁离中亚。[①] 当然，俄罗斯至今仍是多数中亚国家最大的贸易伙伴国，它为中亚各国的过剩劳动力提供了就业市场，中亚国家每年以独联体内优惠价格从俄罗斯进口能源和军火，俄罗斯在长时间内仍是中亚国家经济和安全上的依赖对象。而且随着普京新一总统任期的开始，立足于独联体主要国家的一体化进程势必会再次强力推进。但无论如何，俄在中亚地区影响力的整体颓势已见端倪。

美国借阿富汗反恐战争及战后重建，在中亚地区有效地扩大着影响力。美国针对中亚地区的战略目标自苏联解体后至今没有大的改变，其中防止大规模杀伤性武器扩散的任务已基本完成，而防止伊斯兰极端主义势力取代世俗国家政权、削弱和阻隔俄罗斯对中亚地区的战略性影响、促进中亚国家政治民主化和经济市场化等战略仍在实施中。从伊拉克撤军后，美国将战略重心转向了阿富汗和伊朗，中亚的地缘作用和战略意义将得到提升。“改造后苏联空间”的挫折并不会使美国放弃价值观外交原则，策略上的调整使“大中亚计划”、“新丝绸之路计划”应运而生。但是，与美交往20年的经验并没有使中亚国家减少对美国的不信任与戒备心理，这将给美国的地区影响增加阻力。另外，欧盟、印度、日本、韩国、土耳其、伊朗等国家和集团，都已从不同领域

① 盛世良：“通盘考虑综合应对中亚安全问题”，《俄罗斯中亚东欧研究》，2011年第1期，第4页。

找到了在中亚地区实现各自利益的机会。毋庸讳言，中国也是对中亚地区政治和经济重建积极施加影响的参与者之一。单一战略力量主导中亚地区政治经济发展的历史结束多年，多元化的地区影响必然带来地缘政治发展方式和前景的多样性。

其三，中亚地缘政治版图的“自然恢复”趋势。早期欧洲列强在亚非的殖民活动留下的鲜明印迹之一，就是人为地划分殖民地，这种划分往往违反了自然地理和人文地理的区分。自19世纪下半叶作为地理概念的“中亚”产生后，虽几经争论和修正，其北起阿勒泰山、南至兴都库什山、西迄里海东岸、东达天山南北麓的自然地理范围基本为国际学界所公认。19世纪俄、英两大殖民势力进入中亚后发生冲突，英国作家彼得·霍普科克用“大博弈”（“The Great Game”）描写了这段历史。[①] 在这场“大博弈”之后，两个大国经过讨价还价达成妥协，形成了一条背离常理的分界线，从此地缘政治意义上的“中亚”与自然地理的“中亚”被割裂开来。为了便于解释，后人用“狭义”和“广义”的限定词加以区别，但划分标准的不同更容易引起歧义。这种状况一直延续到冷战结束。中亚国家独立后，近20年来在内外多元力

① Peter Hopkirk, *The Great Game: The Struggle for Empire in Central Asia.* 此外，更早还有另外两位英国人阿瑟·科纳利（Arthur Conolly, 1807—1842）和拉迪亚德·基普林（Rudyard Kipling, 1965—1936）也曾使用过“大博弈”概念。参见：潘志平、胡红萍：“欧亚腹地的地缘政治”，《新疆社会科学》，2009年4月，http://www.xjass.com/zys/content/2009-04/27/content_74521.htm.（上网相间：2011年10月11日）。

量的撬动下，中亚地缘政治版图出现了向19世纪“大博弈”前部分“自然恢复”的迹象。针对这一重要趋势，曾有中国学者建议提出的“中南亚”概念[①]似乎仍难以体现这一地缘政治现象的历史沿革和发展动态。当然，这种趋势并非简单的回归，也绝不可能使中亚重新沦为又一轮“大博弈”的舞台，而是打破长期封闭后地缘政治多元化趋势的显现。这对中亚地区未来发展具有积极意义，但同时也预示着中亚发展前景面临更多变数。

三、中亚宗教极端主义因素的演变与地区安全前景

伊斯兰极端主义势力在中亚及其附近地区的继续活跃，使该地区安全极具脆弱性和敏感性。近20年来，在中亚各国强化国家机器、加强国际合作、促进社会和睦等多方面的不懈努力下，威胁地区安全的因素基本被压制和化解在可控范围之内，中亚各国在完善法律、健全机构等方面有了长足进展，并积累了较丰富的维稳经验，国家安全得到巩固。但伴随着中亚地缘政治重建过程中不可避免的能量释放和多元影响力的不断渗透，中亚各国政权正面临一些威胁社会稳定的新问题，而原有的伊斯兰极端主义因素也正在被全球力量调

---

① 参见：潘志平主编：《中南亚的民族、宗教冲突》，新疆人民出版社2003年1月版。

整带来的动荡所激活。

宗教极端主义势力对中亚国家安全的威胁从未停止过。从苏联晚期就在中亚地区出现的“伊斯兰复兴运动”到主张建立统一的大哈里发国家的“伊斯兰解放党”，从叫嚣推翻中亚世俗国家的“乌兹别克斯坦伊斯兰运动”到以恐怖主义方式抵制西方化和全球化的“伊斯兰圣战同盟”，中亚伊斯兰极端主义已经在思想理论、组织形式、社会行动等方面具备了对各国现政权和地区安全构成严重威胁的基本要素。[①]中国学者将冷战后中亚宗教极端势力的发展分为三个阶段：第一阶段为1991年至1998年，从苏联末期延续下来的以复兴伊斯兰宗教文化、机构和权利为目标的政治思潮，演变为企图取代世俗政权的政治狂热，并最终导致了个别中亚国家数年的战乱；第二阶段为1999年至2001年，“乌兹别克斯坦伊斯兰运动”在乌兹别克斯坦、吉尔吉斯斯坦、塔吉克斯坦三国交界处制造了武装冲突，直至美国主导北约联军在阿富汗发动反恐战争，“乌伊运”与塔利班同遭重创；第三阶段为2002年至今，“伊斯兰解放党”借助国际互联网宣扬宗教极端思想，而遭受重创的“乌伊运”则退入阿富汗进行力量重组。[②] 2011年似可视为第四个阶段的起点，中亚宗教极端势力的发展出现了新的动向：原中东伊斯兰极端势力借政

① 金宜久主编：《当代宗教与极端主义》，中国社会科学出版社2008年版，第164页。

② 苏畅：《中亚宗教极端势力研究》，中国世纪出版社集团有限公司、中国社科文献出版社2009年版，第8、109页。

局动荡走向政治化，“穆斯林兄弟会”等组织开始参与国家政治；美军制订撤出阿富汗的时间表，塔利班在全境死灰复燃；一向远离伊斯兰极端主义威胁的哈萨克斯坦在2011年连续受到恐怖袭击，[①] 乌兹别克斯坦经塔吉克斯坦通往阿富汗的铁路遭爆炸破坏。[②] 随着世界金融危机逐步影响到中亚地区经济以及多数中亚国家临近最高权力交接，中亚伊斯兰极端势力的活动将进入一个新的活跃期。

中亚地区伊斯兰极端主义威胁长期存在的另一个重要地区性因素。是阿富汗的长期动荡。由于历史原因，中亚的乌兹别克斯坦、塔吉克斯坦和土库曼斯坦三国与阿富汗有着漫长的共同边境，众多民族长期跨界生活。早在20世纪70年代末苏军入侵阿富汗时，就有一些操乌兹别克语、哈萨克语、塔吉克语、甚至俄语的志愿者加入了反苏圣战阵营。[③] 中亚独立后，伊斯兰极端势力策动的每起重大事件几乎都与阿富汗有关。“9·11事件”发生前，中亚国家领导人就已

---

① В Казахстане снова взрыв у здания спецслужбы, 《Газета. ру》, http: //www. gazeta. ru/lastnews/2011/05/24/n_ 1852609, shtml: Казахстан-субъект Халифата, 《Эксперт Казахстан》 No. 44 – 45（335）, 07. 11. 2011. http: //expert. ru/kazakhstan/2011/44//kazakhstan—subekt-halifata/.（上网时间：2011年11月15日）。

② В. Панфилов: Вашингтон готовит пути отхода из Афганистана. Узбекистану и Таджикистану в операции по возврату американских военных отведена особая роль. 《Независимая газета》, 24. 10. 2011.

③ 林永峰、杨恕：《中亚伊斯兰极端主义研究》，兰州大学学位论文集，2009年5月，http: //www. docin. com/p – 117945702. html.（上网时间：2011年9月13日）。

对阿富汗问题给予了高度关注，并向国际社会发出警告。[①]进入21世纪后，中亚各国与国际社会在阿富汗问题上的合作达到较高水平，国际社会的投入也在逐年增加。然而，阿富汗近年的国家重建和社会发展形势并不乐观。美国为了对10年反恐战争有所交代，并能体面抽身阿富汗，不惜误戕平民和得罪盟友，动用高科技手段定点清除包括本·拉丹在内的恐怖分子，但塔利班、“乌伊运”、“伊斯兰圣战联盟”等组织仍然顽强存在，并以新的圣战理论培训和组织更多的极端主义分子，而且每年印制上百种分别译成乌兹别克语、俄语、普什图语、阿拉伯语、英语、德语的宣传品在阿富汗及巴基斯坦散布，其影响正不断渗透中亚地区。[②] 随着美军即将撤离，藏匿在阿富汗南部部族控制区的中亚伊斯兰极端势力开始显露向北部邻近中亚地区转移的迹象，中亚各国对此无不忧心忡忡。

结语

中亚地区获得独立的20年，是一个新的地缘政治板块充

① Выступление Президента Республики Узбекистана И. А. Каримова на Самите тысячлетия ООН, 08. 10. 2000. http://www.un.org/millenium/webcast/statements/uzbekistanR.htm.（上网时间：2009年5月20日）。

② Исмоиров С., Раббимов К.: Взгляды узбекоязычного джихадизма. 01. 08. 2011. http://www.fergananews.com/article.php? id = 7038.（上网时间：2011年10月12日）。

分发育的20年。其间，中亚摆脱了历史上强大权力中心的束缚，各种内在基因得到了充分发展；但另一方面，由于历史的继承性和新生政治主体的弱小，中亚对来自地区外的影响力的依赖和借重成为其成长的必要条件。基于此，在中亚地缘政治格局重建过程中，多元因素的参与就成了最显著的特征，并导致形成该地区社会政治构成的复杂性和政局发展的多变性。由于地区内的制度建设与地缘政治多元化发展同步进行，这种复杂性和多变性在今天不仅没有消弭，反而变得更加丰富。这就给中亚提出了一个十分现实的问题：在机遇和风险并存的条件下如何趋利避害？独立后的第三个10年是中亚地区发展的关键期，它将决定中亚各国社会转型的成功与否。在这个新时期里，中亚各国现行的体制和领导者们的智慧将面临考验。

中东战略形势评估

王宝付*

2011年中东地区形势剧烈变化，危机与战乱不断，动荡与变革共存。2010年底，当突尼斯的一名小贩抗拒政府管理人员粗暴执法而愤然自焚时，绝没有人会想到这星星之火竟形成了燎原之势，燃烧到整个西亚、北非地区。剧变蔓延速度之快，波及范围之广、影响程度之深，使阿拉伯世界经历了前所未有的政治大变局。迄今为止，这场剧变已经导致了突尼斯、埃及、利比亚、也门四个国家政权更迭。叙利亚仍在剧烈动荡的深渊中苦苦挣扎。已经实现政权更迭、向民主政治转型的国家，仍看不到政局稳定的前景；正处动乱的国家，看不到未来的前途。

一、中东剧变原因众多，根本原因在内部

对于中东这场剧变的成因，国际社会并没有一致的看法。实际上，受到这场剧变冲击的国家情况各异。突尼斯、埃及、也门等国严重动荡，经济与社会民生问题是其主要原

---

* 王宝付，国防大学战略研究所教授。

因。在叙利亚，除了经济和民生问题之外，教派矛盾也是一个不容忽视的原因。而在利比亚，西方大国的强力干预则起了决定性的作用。全面分析导致这场剧变的内外原因众多，背景复杂。

（一）根本原因在内部

中东剧变具有明显的阿拉伯国家特点，其内生性、自发性的特点非常明显。长期以来，阿拉伯国家在政治、经济与社会发展中，积累了大量的深层次矛盾，这些严重的政治、经济和社会问题长期得不到解决，在国际金融危机大环境的冲击之下酿成了一场剧烈的社会冲突。

从政治上看，阿拉伯国家政治体制大体分为两种模式：一种实行的是世袭君主制，国家权力高度集中在王室手中；另一种是共和制，实行共和制的国家，实际上领导人大多是终身制，权力家族化的情况比较严重。由于国家在政治制度和权力运作上高度封闭，缺乏有效监督和制衡，独裁、腐败问题突出，民众的政治诉求长期得不到解决，不满情绪不断积累，最后终于全面迸发。

从经济上看，大多数阿拉伯国家的经济结构单一。有的国家依赖石油出口，有的国家则长期依靠外援。多年来，中东北非地区许多国家也曾试图推动经济制度改革，但受内外条件的制约特别是安全环境的影响，举步维艰，成效不大。另外，经济结构单一，使许多国家在全球化的进程中面临被边缘化的境地。

从社会发展来看，大多数阿拉伯国家民生问题突出。两极分化严重，经济全球化的发展拉大了贫富差距，这是一个世界性的问题。历史学家沃勒斯指出，20 世纪最后 30 年，世界上的穷国与富国之间、一个国家内部的穷人与富人之间，两极分化更趋严重。这一趋势至今有增无减。据联合国经合组织在 2011 年底发布的报告显示，成员国中最富的 10% 人口的平均收入，是最贫穷的 10% 人口的 9 倍，即便像瑞典、挪威那样的高福利国家，在过去十年中居民收入差距也扩大了 6 倍以上。阿拉伯国家这一问题尤为突出。德国前总理施密特指出，中东北非发生的事情并不是“民主起义”，而是由于物质、社会和经济的不足而引起的。中东的这场剧变很大程度上是由民生问题引起的。多年来，一些阿拉伯国家的经济发展赶不上人口的快速增长，失业率居高不下。西亚、北非地区是当今世界上人口出生率最高的地区之一，年轻人失业问题非常严重。据阿拉伯国家联盟的统计数据显示，22 个阿拉伯国家的平均失业率超过 25% 。在一些社会保障水平较低的国家，年轻人失业率更高。突尼斯过去曾被称为非洲经济与社会发展样板，但危机爆发之前 30 岁以下青年的失业率竟高达 52% 。[①] 严重的失业造成中下层民众生活困苦，加之分配不公，导致社会矛盾尖锐对立。

此外，年轻人对国家前途失去信心。阿拉伯世界长期受

---

① 张宏、薛庆国：《中东动荡也在提醒中国发展》，《环球时报》，2011 年 3 月 22 日，第 14 版。

到外部势力的侵略和武力威胁。旷日持久的巴以冲突得不到解决，而美国在推动中东和平进程中长期偏袒以色列。“9·11”事件后，美国不顾国际社会的强烈反对，发动了伊拉克战争；在反恐问题上，美国长期实行双重标准。这些都深深伤害了部分阿拉伯国家民众的感情。霸权主义和强权政治招致阿拉伯下国家层民众的怨恨，也是本国民众对政府不满情绪加剧的重要原因。从表面上看，中东这场风暴并没有出现激烈的反美口号，可实际上这是一种假象。阿拉伯世界的草根阶层除了对本国统治者不满之外，对长期受到西方的干预有一种屈辱感。在对待西方的政策上，阿拉伯国家普通民众的立场与政府之间存在较大的反差。社会底层的反美情绪高于上层社会，年轻人对国家奉行的对外政策不满，对国家的前途感到迷茫、屈辱乃至绝望。这种情绪不断积累，也是引发社会剧烈动荡的一个深层原因。

（二）西方选择性干预加剧了中东乱局

大多数阿拉伯国家的执政者对于这场突如其来的巨大冲击完全没有准备或者是准备不足，突尼斯、埃及、叙利亚等国都是如此。在西方强力渗透和干预之下，一些国家的政局很快失控。

小布什政府时期，美国曾提出“大中东改造计划”，为此发动了伊拉克战争，试图将伊拉克改造成中东的一个“民主样板”。但是，在美国的占领之下，伊拉克的政局演变和安全形势长期动荡，使美国的这一战略计划彻底失败。这次中东地区爆发大规模的“民主运动”，再度点燃了美国“民主”中东的希望。然而，基于阿富汗、伊拉克战争的惨痛教训，美国并没有以理想化的方式来应对这场危机，而是根据不同情况，采取了有区别、有选择的干预政策。对突尼斯、埃及，美国明确支持其“民主”进程，最后以“逼宫”的方式抛弃了合作多年的老朋友；对利比亚，则联合欧洲盟友以武力干预的方式推翻了卡扎菲政权；对也门、叙利亚则是施以多种手段以压促变。美国及其他西方大国的干预政策，对中东政局动荡起到了推波助澜的作用，其后遗症正在逐步显现。

总之，中东剧变并非是单一因素所致，而是由多种内外原因造成的。恩格斯指出：“历史是这样创造的：最终的结果总是从许多单个的意志的相互冲突中产生出来的，而其中的每一个意志，又是由于许多特殊的生活条件，才成为它所成为的那样。这样就有无数互相交错的力量，有无数个力的平行四边形，而由此产生出一个总的结果，即历史事变，这个结果又可以看作一个作为整体的、不自觉地和不自主地起着作用的力量的产物。”① 中东这场剧变正是由多种因素“交互作用”而造成的这样一种结果。

---

① 恩格斯：《1890 年 9 月 21—22 日致约·布洛赫的信》，《马克思恩格斯选集》第四卷，北京：人民出版社 1977 年版，第 478—479 页。

二、地区热点明显增多，发展趋势难以预测

中东是一个矛盾错综复杂的地区，发生如此激烈的社会震荡，要走向稳定少则需要三五年，多则需要十几年甚至更长的时间。剧变打破了对政治强人的迷信，对威权统治的敬畏不复存在。在埃及、也门等国家，民众的街头抗议已经成为一种常态，过渡政府没有能力完全控制局面，各种政治力量围绕政权和未来国家走向展开了激烈较量。迄今为止，政权发生变化的国家，没有一个出现了由乱到治的转折性变化。这些经受剧变冲击的国家，未来能否建立起真正有效的法律制度，能否实现权力的平稳过渡，能否走出战乱泥潭，使经济得到迅速恢复，都存在很大变数，不排除陷入长期动荡的可能性。

过去一年，西亚北非地区危机频发，热点接踵而至。原有的热点尚未降温，新的热点已开始形成。叙利亚的内乱、伊拉克的动荡、伊朗的核危机，随时都有引爆的可能。这些问题一旦爆发，不仅会进一步影响中东地区安全形势，而且可能在更大的范围内造成冲击。

（一）埃及政局面临新的考验

埃及国家政权垮台后，前总统穆巴拉克被关进了监狱并

接受司法审判，但这仅仅是一个开端。激烈的政治斗争，剧烈的社会动荡，使越来越多的民众开始感到失望，将矛头指向了军政府。

2011 年 12 月 1 日，埃及进行了政权更迭之后的第一次议会选举，结果不出各方所料，穆斯林兄弟会所属的“自由与正义党”处于领先地位，居于次席的则是更为激进的伊斯兰势力“萨拉菲”派。经过最初几轮投票，新议会中 60% 以上的席位被伊斯兰政党所占据。在穆巴拉克统治时期，这些长期受压制、不得不在地下活动的伊斯兰势力，现在堂堂正正地走上了政坛。与突尼斯、利比亚等国家不同，埃及历来被认为是阿拉伯世界的“大脑”和“思想库”。作为在阿拉伯世界享有领袖地位的国家，埃及政局的发展具有指标性意义，无疑将对发生剧变的其他国家产生重要的影响。这一发展趋势，确实让那些欢呼“阿拉伯之春”的西方预言家感到失望。

（二）叙利亚局势已走到十字路口

在中东的政治版图上，叙利亚处于阿拉伯世界核心地带，历来被认为是“阿拉伯世界跳动的心脏”，也一向被认为是伊斯兰世界比较稳定的国家，而今天却成为这场剧变的“风暴眼”。叙利亚的重要性不仅仅是因其地理位置，更主要的是其在中东战略力量平衡及阿以和平进程中的影响力。以色列开国总理本·古里安曾讲过：“没有埃及，阿拉伯国家无力对以色列发动战争；没有叙利亚，以色列无法与阿拉伯国家实现和平。”① 从叙利亚的宿敌——以色列领导人的评价可以看出，这个国家在中东安全棋盘上的分量。

叙利亚是中东各种矛盾最为集中的国家，中东这场剧变如果能够在叙利亚打住，阿拉伯世界的动荡可能趋向缓解；如果混乱局面持续下去，将为中东这场大变局增添新的变数。叙利亚的政治僵局至今已经持续一年，在内外压力之下，叙利亚内部矛盾进一步激化，政府与反对派的对抗不断升级，反对派的政治诉求已从开始要求国家改革发展到要求总统巴沙尔下台，并不断强化武装夺权倾向。阿拉伯国家为了避免利比亚一幕重演，试图在阿盟框架内解决危机，但阿盟斡旋调停成功的可能性不大。以美国为首的西方大国则虎视眈眈，试图在叙利亚复制利比亚的模式。而西方一旦以武力干涉叙利亚，将可能导致严重的后果。总之，叙利亚的局势失控，将使阿拉伯世界面临更大的政治危机，并可能冲击整个海湾地区。

（三）伊拉克安全形势令人堪忧

2011 年 12 月 14 日，奥巴马总统宣布长达 9 年的伊拉克战争正式结束。当奥巴马宣布美国从伊拉克撤军之际，他郑重地向全世界宣布：“伊拉克还不是个完美的地方。但美军

---

① 许辉：《“难搞”叙利亚：大马士革变大马蜂窝》，《中国新闻周刊》，2011 年 11 月 28 日，第 46 期，第 13 页。

留下的是一个独立、稳定和自治的国家，一个民选政府。”①奥巴马的话音刚落，伊拉克什叶派总理马利基即指控逊尼派的副总统哈希米支持恐怖活动，法院向其发出了传票。自美军撤离以来，伊拉克政坛斗争骤然升级，教派斗争也达到了白热化的程度。巴格达、巴士拉等地接连发生数十起暴力袭击事件，造成数百人伤亡。美军占领伊拉克期间，暴力袭击事件从未中断。美军走后，伊拉克安全部队是否具备维护安全稳定的能力受到了普遍质疑。奥巴马宣称留下了一个没有独裁者统治的伊拉克，但是这个国家正面临着前所未有的安全威胁。

首先是各派势力内斗加剧。美军占领伊拉克期间作出政治安排，由库尔德人出任总统，逊尼派出任议会议长，占人口60%的什叶派出任总理。美国花费巨大代价在伊拉克建立起来的政治架构，在其军事力量撤出后面临破局的危险。伊拉克长期受到压抑的矛盾凸显，各种政治势力矛盾已经公开化。

其次，教派冲突不断升级。美军的长期占领，激化了伊拉克的教派矛盾。北部库尔德自治区在美国支持下诞生，实现了高度自治，同伊拉克其他地区不仅在地理上界限分明，其石油资源也由本地政府控制，分离的倾向日益明显。中部逊尼派聚居的萨拉赫丁、迪亚拉等省不满什叶派政府，提出了自治诉求，四个逊尼派聚居省份甚至提出了独立建国的要

① “Obama marks end of Iraq war at Fort Bragg”, http://www.bbc.co.uk/news/world-16193207.

求，试图建立逊尼派占主导地位的国家。伊拉克的政治平衡已经被打破，教派之间的矛盾很难弥合。

第三，“基地”恐怖势力加强渗透。“基地”恐怖组织头目扎卡维被击毙之后，“基地”组织在伊拉克的活动并没有停止。美军撤出之后，伊拉克出现了政治真空，可能会给恐怖极端分子提供新的机会。

由于政治斗争激烈，教派冲突升级，伊拉克的安全形势日益严峻。这个国家未来是走向统一还是走向分裂，是稳定还是动荡，将给严重动荡的中东局势增添新的不确定因素。

（四）伊朗战争风险升高

伊朗既不是阿拉伯国家，也不是中东这场剧变的当事者。但是，作为中东地区大国，未来一个时期，伊朗的核问题如何解决，美国、以色列会不会对伊朗动武，将是影响中东局势的一个爆炸性问题。更值得警惕的是，伊朗核危机与阿拉伯国家的剧变交叉在一起，将使地区安全形势呈现出更加复杂的局面。

2011 年，美国在中东的战略多管齐下。一面筹划部署从伊拉克撤军，一面积极干预“阿拉伯之春”，同时又把遏制伊朗、解决伊朗的核问题作为美国中东战略的重点目标。下半年以来，美伊关系急速恶化。10 月，美国政府指控伊朗政府支持情报人员暗杀沙特驻美大使，虽然故事情节离奇，受到了国际舆论众多质疑，但奥巴马政府还是以此为借口加大了对伊朗的单方面制裁。11 月，国际原子能机构发表了伊朗核问题报告，首次公告宣布伊朗在2003 年之前曾有组织地从事与核爆炸研究有关的活动。此后不久，伊朗学生冲击英国驻伊朗大使馆，两国关系骤然紧张。此后，伊朗核科学家被暗杀，伊朗情报部门大张旗鼓地抓捕美国、以色列间谍，拒绝交还捕获的美国先进的无人侦察机。这一系列事件导致美伊对抗持续升级。

美国和以色列认为，伊朗核问题已经到了非解决不可的关键时候。以色列总统佩雷斯宣称，伊朗在 6 个月之内就可能造出核武器。美国国防部长帕内塔预测，如果伊朗有隐蔽的核工程，一年内即可造出核武器。在外交舆论激烈对抗的同时，美国调兵遣将，威胁动武。波斯湾一时战云密布。美国参联会主席邓普西将军公开警告伊朗，不要误判美国的战略决心，宣称对伊朗所有作战方案都已经准备好，只待总统奥巴马下令。面对美方压力，伊朗针锋相对，强硬回应美国不要误判其战略能力。美国、以色列、伊朗三方的战争边缘政策已经玩到极点，各方都有作出战略误判的可能。有一点恐怕毫无疑问，如果美国选择对伊朗动武，那将是自海湾战争以来美军在中东遇到的最强劲的对手。

阿以矛盾、伊拉克局势、伊朗核危机和仍在蔓延的阿拉伯国家政治风暴，都是影响未来中东安全局势的重要因素。尤其是中东剧变打破了地区战略力量平衡，动摇了一些阿拉伯国家的政权基础，触及到了治国之本、发展模式等根本问题。政权发生变化的国家，尽管暂时缓解了朝野对立，但是如此剧烈的一场社会变革，短时间内不可能解决长期积累的问题。因此，改变政权绝不是动荡的结束，而是新一轮政治博弈的开始。在新的一年里，中东地区安全潜伏着更大的危机与挑战。

三、多种力量博弈，未来影响深远

中东剧变是一场由下而上的社会运动，民众的最初诉求只是要求推动国家政治改革，改善民生状况。从推动社会发展的角度衡量，这无疑具有进步意义。但是，这场剧变的影响和后果却是复杂的。中东剧变将阿拉伯世界带进了一个大动荡、大调整、大变局的历史阶段。已经改变政权的国家，要走出困境需要相当长的时间；处于战乱状态的国家，未来前途充满不确定性；即使相对稳定的国家，也面临着诸多潜在风险。这场剧变影响之深远，从近期产生的影响可以看出未来的发展趋势。

（一）伊斯兰宗教势力正在崛起

阿拉伯国家的剧烈动荡，加剧了各种思潮和政治势力的博弈，当前中东阿拉伯国家最明显的社会思潮是民族主义情绪上升，伊斯兰宗教势力影响上升。政治伊斯兰势力未来可能主导多个国家的政治变革进程。在突尼斯，本・阿里政权倒台后举行了制宪议会选举，刚刚成立的“伊斯兰复兴运动”获得了41%的选票，成为制宪议会的第一大党。应该看到，突尼斯是阿拉伯世界世俗化程度比较彻底的国家，本·阿里政权崩溃后仅仅几个月，竟然发生如此大的逆转令人发人深思。宗教党派不仅走上政治舞台，而且实现了执政愿望。在利比亚，在北约的军事干预下夺取了政权的“全国过渡委员会”负责人贾利勒公开宣布，利比亚作为伊斯兰国家，将以伊斯兰教法作为主要法源，任何违背伊斯兰教的法律都将无效。[①] 在摩洛哥，选举结果同样是伊斯兰政党占据了主导地位。最值得关注的当然还是埃及。埃及“穆斯林兄弟会”在几轮选举中连续获胜。在也门、叙利亚、约旦，伊斯兰势力影响力也在扩大。阿拉伯世界整体上回归保守已经成为明显的趋势。一位长期生活在西方研究中东问题的华裔学者指出，在经过中东这场剧变之后，“欧美近年操控阿拉伯政权更易的三大对象——伊拉克、利比亚、叙利亚，共同结局都会是世俗专制政权被宗教民粹势力取代，从而加剧大中东的宗教化趋势”。[②]

伊斯兰势力成为中东这场剧变的最大受益者，毫无疑问，这并非西方所愿意看到的结果，但西方却无力阻止这一发展趋势。

---

① 于时语：《世局如棋局——2011年终述评》，新加坡《联合早报》，2011年12月31日。

② 于时语：《以色列的孤立和‘白种人的负担’》，新加坡《联合早报》，2011年9月22日。

（二）民生问题难以解决

中东剧变是在国际金融危机的大背景下发生的。多年来，一些阿拉伯国家的失业率、贫困率很高，民生困难引起了剧烈的社会动荡，而严重的政局动荡又加重了社会矛盾，令大多数民众生活雪上加霜。

中东剧变再次表明，以激烈的方式破坏一个旧体制比较容易，但要重建一个国家却要困难得多。如果说变革前民众的情绪主要是不满，变革中的情绪则是愤怒，而在经历变革之后则是漫长的等待与失望。美国人类学家克利福德·格里茨（Clifford Geertz）在描述印尼革命时讲过一段发人深省的话："这是一个充满混乱开端又狂乱修正自己的国家，一个绝望寻求他们想象中的政治秩序的国家，而这秩序就像一个海市蜃楼，越是渴望接近它，它消失得越快，所有这些挫折中的一个安慰性口号是：'革命尚未完成！'的确是如此。因为没有人知道，甚至那些喊得最厉害的人也不确切地知道应该如何完成革命。"① 革命的问题总是出现在革命之后，今天的中东剧变再次验证了这一点。

① ［美］克利福德·格里茨：《文化的解释》，韩莉译，香港凤凰出版传媒集团，南京：译林出版社，2008年版，第265页。

（三）和平进程难度增大

中东是大国利益冲突的交汇点。这一地区之所以在战后一直是世界的火药桶，是由错综复杂的问题和矛盾导致的。阿以矛盾特别是巴勒斯坦和以色列之间的矛盾，一直是影响中东安全形势的一个死结。

埃及在中东和平进程中一直发挥着举足轻重的作用。1979 年埃以两国签署和平协定，在埃及政局变化之后，埃以关系降到冰点。埃及过渡政府不顾以色列的强烈反对，向伊朗军舰开放苏伊士运河；以色列驻埃使馆遭受攻击；给被美国、以色列列为恐怖组织的巴勒斯坦哈马斯松绑。埃及“穆斯林兄弟会”公开表示，如果上台执政，将对埃以和平条约进行全民公投。以色列失去了穆巴拉克这个温和的阿拉伯盟友，安全环境明显恶化。除了埃及之外，约旦、卡塔尔等温和的阿拉伯国家也与以色列拉开了距离。中东政局的巨大变化使以色列空前孤立，推动和平进程难度大大增加。以色列的危机感上升，积极呼吁美国等西方大国遏制伊朗的核动机，支持美国对伊朗实施先发制人的军事打击行动，甚至威胁不惜单独对伊朗采取军事行动。阿以矛盾上升将进一步加剧中东地区严峻的安全形势，可能使更多的阿拉伯国家陷入混乱无序状态。

（四）动荡的外溢效应已开始显现

中东北非政治动荡具有鲜明的阿拉伯特性，但其影响并不局限于西亚北非地区，其多米诺骨牌效应，在亚洲、欧洲、非洲、美洲等地区都有不同程度的反应，外溢效应正在显现。在中亚、非洲等地，到处都出现了类似的抗议活动。中亚的哈萨克斯坦，非洲的尼日利亚等地区大国，都发生了大规模骚乱，迫使当局不得不采取强制措施控制局势。在这些地区出现的动乱苗头，与中东剧变有许多相似之处：同为伊斯兰国家，同样是在威权统治之下，同样是领导人长期执政。由此可见，中东剧变不仅仅冲击着阿拉伯世界，对其他地区也产生了重要影响。

（五）美国难以摆脱中东安全困境

中东是冷战后美国投入资源最多的一个地区，同时也是美国付出代价最高的地区。中东剧变发生后，美国陷入了两难的境地。在埃及，美国最后放弃了老朋友穆巴拉克；在利比亚，美国尽管在军事干预行动中退到了后排，但仍然发挥了主导作用；在海湾地区，为了遏制伊朗，美国支持海湾国家以强制手段平息了巴林的事态。美国应对中东剧变，采取的是“两面下注”的政策：一方面，在道义上支持阿拉伯国家民众的“民主诉求”；另一方面，又小心翼翼地避免抗议行动演变成为反美浪潮。因此，一方面高唱民主自由的调子，另一方面采取现实主义的政策；一方面全力支持以色列，另一方面又拉拢当权者，使其能够配合美国的中东战略。阿拉伯世界从美国的政策中看到，美国并非着眼于“民主”事业，而是着眼于自身的战略利益。

然而，美国的中东政策陷入了尴尬的境地。阿富汗、伊拉克战争之后，美国决心不再向中东地区投入大量的军事外交资源。但是，美国控制世界、控制中东地区的霸权目标又不可能改变。美国对中东的民主没有多大兴趣和信心，但自身战略利益不会放弃。奥巴马政府要收缩在中东地区的军事力量，想绕过麻烦直取利益，恐怕没有那么容易，伊朗核问题就是横亘在美国面前的一道无解的难题。因此，美国还会强力干预中东事务。

2012 年，中东剧变进入了第二个年头。西方将中东这场风暴称之为“阿拉伯之春”，而现在的“阿拉伯之春”已经进入“冬天”，并且这个“冬天”很可能是漫长的。

迄今为止，被西方称之为“阿拉伯之春”的剧变，并没有塑造出来一个全新的国家，而是把一些“国家”打成了碎片。许多民众面对现实已经没有了当初的兴奋，更多是无奈与失望。中国的伟大思想家鲁迅讲过一句名言：“无破坏即无建设，但有破坏却未必有建设。”中东这场剧变究竟是前者，还是后者，目前还难以判断。如果这场被西方广泛称作“阿拉伯之春”的政治风暴只是将旧事物、旧现象换上一些新的名称或包装，社会发展过程中长期积累的矛盾，如腐败、失业、贫穷、两级分化得不到根本解决的话，并非不可能回到过去。如果长期的动荡不能停止，民众的诉求得不到解决，中东地区安全形势有可能进一步恶化。

南海局势及其发展趋势

[新加坡] 李明江*

2009年以来，南海局势始终处于紧张状态。尤其是2010年，围绕南海主权与权益的争端急剧升温。这种消极趋势一直延续到2011年上半年。国际社会有一些观点认为，是中国的强势政策造成了局势的紧张。但通过全面、客观的分析，可以发现，造成南海局势紧张的因素是多方面的，而且这些因素相互交织、相互影响。一些具体的因素包括：2009年有关声索国向联合国大陆架界限委员会提交大陆架延伸主张方案，部分区域内国家存有外交野心，区域外大国积极干预，一些争议国对南海能源的单方面勘探和开发，以及部分国家更加强硬的海洋执法措施，等等。同时，还有一些结构性因素的作用，例如区域内国家对中国军事实力崛起的担心，以及中国和区域外大国特别是美国在东亚激烈的战略竞争等。

2011年，面对一些国家的单方面勘探活动，中国采取了强硬手段以保护自身在南海的经济利益。2011年上半年，中国执法船介入了三起外国石油勘探船在有争议水域作业的事件。在第一起事件中，中国舰艇在菲律宾宣称的专属经济区

* [新加坡] 李明江，南洋理工大学拉惹勒南国际研究院研究员。

内的礼乐滩（Reed Bank）附近，驱赶了一艘正在进行石油勘探活动的船只，迫使其离开该水域。另两起事件分别发生在5月底和6月初，中国船只在越南宣称的专属经济区内，剪断了两艘执行地震勘探任务调查船的缆线。这三起事件招致了马尼拉和河内强烈的外交和军事反弹。

在2011年，争论也集中在中国的南海诉求，特别是九段线地图的合法性问题上。自中国于2009年5月向联合国大陆架界限委员会提交九段线地图后，区域各国和外部势力就开始挑战中国的南海诉求。2011年这些质疑和反对的声音似乎更加强烈，区域内各国还因此增强了它们的政治和安全合作。区域外大国如美国、日本和印度则企图进一步插手南海问题。2011年下半年，各争端国在一定程度上释放出政治善意，宣称愿意以双边和多边外交为主要途径缓解紧张局势，并推动建立互信。

综合看来，2011年，相关国家在南海问题上合作与竞争共存，但总体形势是竞争和紧张盖过合作。首先，客观地说，南海争端在一定程度上导致了地区安全形势的恶化，影响了中国和部分东南亚国家的政治和安全互信。其次，未来几年，南海问题将不可避免地成为有关地区安全论坛和机制讨论的一个主要议题，外部势力和区域各国将相互配合，共同向中国施加压力。第三，鉴于各国的立场迥异和不断增长的海上执法力量，频繁的摩擦似乎不可避免。即使中国极力推动在南海问题上的合作，部分争端国对此也不会热心，甚至会以各种方式加以抵制。第四，2011年下半年的外交手段比较成功地缓解了南海紧张局势。可以预见，如果这些外交手段得以持续甚至更加灵活，南海紧张态势可以得到控制，虽然争端国之间突发性的执法摩擦难以避免，但南海的整体和平与稳定是能够实现的。

一、区域内各国对南海局势的应对

（一）越南

2011年，越南采取各种措施加强其在南海的主权和权益诉求。6月，中国船只剪断越南勘探船缆线事件引发部分越南学生、知识分子和退休官员的强烈抗议，越南国内反华民族主义情绪高涨。6月至8月，在超过12周的时间里，上演了至少11次公开反华示威游行，直到政府采取禁止行动。6月9日，越南总理阮晋勇在应对日益增长的国内压力时做出了一个不同寻常的强硬公开声明："我们将继续强烈地重申我们的主权，并集合党、所有人民以及军队的决心以保护越南在海上的主权。"他还重申了越南在西沙和南沙群岛"无可争议的海上主权"。[①] 同一天，越南前国家主席阮明哲，在访问广宁省靠近中国边境的一个岛屿（Co To Island）时说："我们已经准备好牺牲一切来保护我们的家园，包括我们的

---

① "Vietnam PM says sea sovereignty 'incontestable'," *Agence France Presse*, June9, 2011.

海洋和岛屿主权。”[①]

在与中国关系方面，越南领导人的言行过去一向比较谨慎。总理阮晋勇和前主席阮明哲的这些强硬言论是多年罕见的。越南于6月13日在王岛（Hon Ong island）附近进行的实弹演习行动似乎也是经过精心算计的。王岛距越南中部广南省大约四十公里，几乎与西沙群岛相对。越南外交部声称这次演习是“越南海军每年例行的训练活动”。[②] 不论越南政府如何解释，这次实弹演习被广泛解读为越南向中国展示其防卫的决心，是对中国当月早些时候在南海北部举行大规模军事演习的回应。在宣布实弹演习的同一天，越南总理阮晋勇发布了一项新的紧急情况兵役法令，意在满足军队招收特殊技能人才的需要。[③] 这有两个目的：一是旨在减轻国内要求政府以强硬姿态对付中国的巨大压力；二是它又一次展示了越南强力应对中国的决心。[④]

近年来，越南不断采取措施加强其防御能力，2011年的步子似乎更大更快。11月，越南宣布其2012年的国防预算为33亿美元，比2010年上升了35%。[⑤] 简氏防务报道：“从

---

① “Vietnam's top leaders add fire to South China Sea dispute,” *Deutche Presse-Agentur*, June 9, 2011.

② Margie Mason, “Vietnam plans live-fire drill after China dispute,” *Associated Press*, June 10, 2011.

③ “Vietnam signs military order amid tensions,” *Agence France-Presse*, June 15, 2011.

④ “Vietnam bolsters military stance amid China marine row,” *BBC News Asia-Pacific*, June 14, 2011.

⑤ Trefor Moss, “Chinese Aftershock,” *The Diplomat*, November 26, 2011.

2008年到2011年越南海军军购预算达到2.76亿美元，比2008年增加了150%。到2015年，越南的海军预算预计将上升到4亿美元。[①] 在某些方面，越南正在实施自己的“反介入”和“区域封锁”（anti-access/area denial）战略，以应付中国的军力增长。例如，越南2009年宣布将购买六艘俄罗斯“基洛”级柴油动力潜艇。这些潜艇预计在2014年交付，估计将配备射程300公里的3M-54klub掠海式反舰导弹。2011年，越南额外接收了4架苏-30MK2多功能战斗机。[②] 这些战机预计将配备射程达115公里的Kh-59MK反舰巡航导弹。目前，越南已另外订购16架苏-30MK2战斗机，并接收了两艘配备射程达130公里的KH-35E反舰导弹的载帕德（Gephard）级导弹护卫舰和两艘斯拉达（Svetlyak）级导弹巡逻艇。[③]

同时，越南也着力加强了其陆基海防。越南购买了第二套陆基反舰弹道导弹系统。据报道，越南还从以色列购买了射程超过150公里的远程火炮（Extended Range Artillery Munitions）。2011年10月，在越南国家主席张晋创访问印度期

① “China tensions stoke Vietnam naval ambitions,” *Agence France Presse*, The Economic Times, November 14, 2011.

② “Russia to supply Vietnam six submarines in 2014,” *Thanh Niew News*, July 3, 2011.

③ “Russia exports aircraft to Vietnam,” *The Voice of Russia*, June 22, 2011; “Hai quan Viet Nam nhan tau chien Nga,” *BBC*, August 24, 2011; “Russia delivers second coastal missile system to Vietnam,” *Interfax-AVN military news agency*, October 11, 2011; and *BBC*, “Nga giao tiep hai tau tuan tra cho VN,” October 25, 2011.

间，当地媒体报道称印度准备出售其布拉莫斯（BrahMos）超音速巡航导弹给越南。[①] 张晋创要求印度在四个方面援助越南：潜艇训练，为其飞行员转飞苏-30 战机提供训练，转让中型巡逻艇，协助其芽庄（Nha Trang）港口设施现代化。[②]

（二）菲律宾

2011 年期间，菲律宾试图通过五个方面来处理它与中国的南海争端：外交抗议、双边讨论、重申与美国的同盟关系、军队现代化以及推出新的重大外交行动。

菲律宾媒体称，从 2010 年第 4 季度开始，中国海上力量在南海的活动明显增强，指责中国在 2011 年上半年至少六次侵犯菲律宾在南海主权和权利的。菲律宾外交部也多次表达强烈抗议。4 月 5 日，菲律宾升级抗议行动，致信联合国宣称其拥有卡拉延（Kalayan）群岛及其附近海域、海床和底土的主权。[③] 菲律宾的这一行动立即引起中国政府的坚决驳斥。4 月 14 日，中国向联合国提出照会，指责菲律宾侵略和占领

---

① Robert Johnson, "India is preparing to sell BahMos supersonic cruise missile to Vietnam," *Business Insider*, September 20, 2011.

② Sandeep Dikshit, "Vietnam's plea put South Block in a predicament," *the Hindu*, November 9, 2011.

③ Philippine Mission to the United Nations, Letter to the Secretary General of the United Nations, April 5, 2011.

中国南沙群岛的部分岛礁以及侵犯中国的主权。[①] 6月初，阿基诺总统威胁向联合国抗议中国对菲律宾的“主权入侵”，她宣称“我们正在完成汇集自2月以来的6至7起事件的数据。我们将先给它（中国），然后将这些数据提交给合适的机构通常是联合国”。[②] 7月，菲律宾提议，将它与中国的南海领土争端交由联合国国际海洋法庭仲裁。[③]

中国和菲律宾的南海摩擦，引起了人们对《美菲安全条约》的关注，即如果两国因为南海争端发生军事冲突，1951年美菲签订的共同防御条约是否适用，美国是否会直接出兵帮助菲律宾。菲律宾想得到美国明确的承诺，但是华盛顿却寻求避免承担这个包袱，三番五次用模糊的语言对菲律宾进行敷衍了事。但是，美国明确承诺要帮助菲律宾提高海洋执法能力和军事力量建设，一些具体规划在2011年已得到落实。

2011年，为应对南海争端，菲律宾制定了新的国防战略。该战略兼顾了内部安全行动与外部领土防卫双重任务。阿基诺政府拨款110亿比索支持菲律宾武装力量现代化。其中80亿比索将来自马拉帕亚（Malampaya）天然气和电力项目的收益，其余30亿比索来自菲律宾武装部的现代化建设基

① Teresa Cerojano, “Beijing counters Manila’s UN protest, says Philippines ‘started to invade’ Spratlys in 1970s,” *Associated Press*, April 19, 2011.

② Johanna Paola Poblete, “Philippines preparing issues for UN about ‘intrusions’,” *Business World*, June 2, 2011.

③ “U. S. Joint Navy Drills ‘Inappropriate’: China,” *Bloomberg News*, July11, 2011.

金，这笔资金将用来购买两艘海上快速巡逻艇、远程海上战机以及包括防空和沿海雷达等监控和通讯设备。[①] 从2012年开始，菲律宾政府将实施一项为期5年，共计400亿比索（每年80亿比索）的军事现代化项目。

2011年3月，菲律宾武装部队参谋长爱德华·奥本（Eduardo Oban）公布了升级位于帕加萨岛（Pag-Asa）的阮库多（Rancudo）空军基地的计划。[②] 4月，菲律宾宣布了一项新的海军赴美训练计划，以更好地履行其在“西菲律宾海”（即南海）为石油勘探活动提供安全保障的任务。[③] 5月，菲律宾海军一个研究报告提议购买潜艇用于威慑和防备未来可能发生的冲突。[④] 8月，菲律宾接收了美国海岸警卫队的“汉密尔顿”号退役舰（接收后更名为BRP Gregario del Pilar）。12月，该舰被派到南海执行保护专属经济区的任务。[⑤] 该舰预计将安装更现代化的雷达系统，菲军方正在考虑为其配备反舰导弹。按计划，第二艘同级别舰艇和台湾制造的另外三艘多用途攻击艇将在2012年交付。[⑥] 菲律宾官员

---

① Jon Grevatt, “Philippines to invest USD183 million in defence of Spratly Islands,” *Jane's Defence Weekly*, March 30, 2011.

② Jaime Laude, “AFP to maintain presence in Spratlys,” *The Philippine Star*, March 29, 2011.

③ Shirley Escalante, “Philippines increase security for oil exploration,” *Australia Network News*, April 28, 2011.

④ Katherine Evangelista, “Philippines eye submarines to boost navy,” *Philippine Daily Inquirer*, May 17, 2011.

⑤ “Navy deploys BRP Gregorio del Pilar to West Philippine Sea,” *Sun Star*, December 23, 2011.

⑥ “Philippines says will spend $255 min on military helicopters, boats,” *Reuters*, April 13, 2011.

还表示，希望购买沿海雷达、远程巡逻机、海上战略起降船、近海巡逻艇、海军直升机、防空雷达、6 架喷气式教练机、地面攻击机、反舰导弹和潜艇等新装备，加快菲律宾的海上军事行动能力。①

2011 年 9 月，在访问北京后，阿基诺总统立即宣布拨付 49.5 亿比索（1.18 亿美元）用于增加国防预算。② 一部分资金被指定用于购买 1 艘海军巡逻舰、6 架直升机和其他军事装备，以保障巴拉望地区（Palawan）海岸附近的马拉帕亚（Malampaya）油气开发项目。除了来自美国的援助，菲律宾还试图从日本和韩国获得支持。9 月，阿基诺在东京进行国事访问期间，与日本首相野田商定加强两国海洋安全关系，举办高级别防务会议，日本帮助菲律宾海岸警卫队提高防卫能力。野田首相同意加强日本海上保安厅对菲律宾海军的培训。③ 在韩国总统李明博 11 月访问马尼拉之后，阿基诺总统宣布将从首尔购买军事装备。

菲律宾同时也展开了一场新的外交行动。阿基诺政府下大力气推动一项新的南海倡议，呼吁将南海变成为和平、自由、友谊和合作之区域（ZOPFF/C）。该倡议提出，各争端国共同协商，先确定南海哪些区域属于争议区域，哪些区域

① Alexis Romero, "Submarine for Navy? Noy bares AFP shop list," *the Philippine Star*, August 24, 2011.

② "Philippines Ups Spending To Guard South China Sea," *Agence France-Presse*, September 7, 2011.

③ Yore Koh, "Tokyo and Manila strengthen defense ties with an eye toward China," *the Wall Street Journal*, September 28, 2011.

属于无争议区域；然后在有争议的区域商讨合作，促进共同开发和海洋生物多样性的保护。7 月，菲律宾外交部长在第 44 届东盟部长级会议上正式提出该倡议。东盟外长们研究了这项倡议，并将其转交给东盟高级官员和法律专家会议审议。① 9 月 22 日至 23 日，在马尼拉举行的第一届东盟海事法律专家会议决定，将这份倡议提交给将于 11 月召开的东盟高级官员会议审议。第 19 届东盟首脑会议研究了相关讨论和建议后提出决定，需要进一步研究这个倡议，特别是其法律、技术和政治上的可行性。②

（三）马来西亚和文莱

马来西亚和文莱在 2009 年通过换文，解决了两国南海专属经济区重叠的问题。在南海纠纷上，两国都采取了相对比较低调的策略，乐见越南和菲律宾带头。马来西亚官方一直宣称中国的崛起没有威胁地区和平。与越南和菲律宾相反，马来西亚努力避免南海纠纷影响它与中国的政治关系和强劲的经济联系。马来西亚首相纳吉在 2011 年新加坡香格里拉论坛上总结了马来西亚的立场，“我仍然全力支持东盟与中国接触的共同立场，在南海问题上，我们有同样决心以确保我

---

① Brian Padden, “ASEAN Maritime Specialists Discuss Guidelines to Resolve S. China Sea Dispute,” *Voice of America*, September 22, 2011.

② Chair's Statement of the 19th ASEAN Summit, Bali, 17 November 2011.

们双边关系不受影响”。[①] 尽管马来西亚倾向于淡化南海问题，但2010—2011年度南海纠纷的升温，导致马来西亚领导人多次呼吁实施《南海各方行为宣言》(ODC)，呼吁根据国际法和平解决该争端。[②]

与其近邻相比，文莱采取了一个更为宽松的立场。文莱官方有关的公开声明极其少见，领导人偶尔发表的言论也没有超越东盟主张的通过建立信任措施（CBM）促进地区和平与稳定的共识。2013年文莱将成为东盟轮值主席国，其在处理南海争端方面的主张有待观察。

（四）东盟非主权争议国

作为海洋国家，印尼和新加坡在过去二十年里一直密切关注南海局势的发展。自20世纪90年代初，印尼就开始举办非官方渠道（Track2）的南海问题年度研讨会。研讨会提出的一些建议还被纳入到《南海各方行为宣言》。印尼本身是南海纠纷的一个权益争议方，而不是主权争端方，因为中国的九段线区域与印尼主张的位于廖内省的纳土纳群岛（Natuna Islands in Riau）的200海里专属经济区重叠。20世

---

① Prime Minister Najib Razak, Keynote Address, Shangri-La Dialogue, 3 June 2011, http://www.iiss.org/conferences/the-shangri-la-dialogue/shangri-la-dialogue-2011/speeches/keynote-address/dato-sri-najib-tun-raza/.

② See, for instance, comments made by Prime Minister Najob Razak and Defence Minister Ahmad Zahid Hamidi at the June 2011 Shangri-La Dialogue in Singapore.

纪90年代中期，印尼政府几次要求中国澄清其在南海的诉求，中国曾非正式答复与印尼在南海无领土纠纷。苏西洛自2004年担任总统以来，两国关系大大改善，纳土纳专属经济区问题并不十分突出。但是，雅加达仍然对中国的南海主张保持警惕。

2010年，印尼是第一个正式挑战中国南海诉求的东盟国家。在给联合国的信中，它宣称中国的九段线地图“显然缺乏国际法律依据，等同与1982年联合国海洋法公约相抵触”，并认为南海的大多数海洋结构只是岩石，因此不能产生领海、专属经济区或大陆架。[①] 2011年，作为东盟轮值主席国，尽管印尼的工作集中在调解泰柬边境争端上，但它仍然在安排相关会议时重点考虑南海问题，并的确在涉及南海问题的相关议程上起到了重要的领导和协调作用。

新加坡的繁荣以及未来的经济发展，严重依赖海上贸易的自由流通。因此，南海航线的安全对新加坡来说至关重要。冷战结束后，新加坡就积极推动美国保持在亚太地区的强大军事存在，以维护地区安全和稳定。每年有超过150艘美国军舰访问新加坡。2011年，新加坡同意部署美国最新、最先进的近岸战斗舰。在南海纠纷上，新加坡一直强调自由航行权的重要性，不支持任何一方的主权诉求，并强调其绝对中立。在中菲和中越南海纠纷升温的背景下，中国海巡31号船还于6月访问了新加坡。中国媒体将海巡31号船穿越南

① http://www.un.org/Depts/los/clcs_new/submissions_files/mysvnm 33_09/idn_2010re.

海访问新加坡之旅，描绘成中国彰显其在南海主权的举措。东盟部分南海争端国认为新加坡允许中国执法船访问，是配合或协助中国加强在南海主权的行为。为摆脱这个嫌疑，新加坡外交部发表了一份简短声明，敦促中国澄清其在南海的诉求并遵守联合国海洋法公约，呼吁中国与东盟尽快达成南海各方行为宣言的实施指导方针。

除越南外，其他中南半岛国家都不把南海问题当作其地区外交的首要问题。2009 年南海局势升温至今，泰国、柬埔寨、老挝和缅甸在南海问题上基本保持着沉默。与其他东盟国家相反，这四个国家都没有在 2010 年 7 月召开的具有里程碑意义的东盟地区论坛会议上提起南海纠纷。柬埔寨和老挝也没有派代表参加 2011 年 9 月在马尼拉召开的东盟法律专家会议。这四个国家与中国有着不同程度的密切的政治、经济和安全关系。它们不太可能冒着损害与中国关系的风险，在南海问题上采取与中国利益相背的立场。柬埔寨、缅甸和老挝分别是 2012 年、2014 年和 2015 年的东盟轮值主席国，这将有可能对东盟处理南海争端产生显著影响。这三个国家都不大可能像越南和印尼在 2010 年和 2011 年那样优先考虑南海问题。

二、双边和多边外交

2010 年 7 月在河内举行的东盟地区论坛上，南海问题的外交冲突使南海局势骤然紧张。之后，争端各国一方面继续暗中较劲，另一方面也开始采取各种行动以减轻南海紧张局势。8 月，越南国防部副部长阮智永访问北京，并向中国保证越南将不会允许外国驻军越南，也不会针对第三国发展与另一个国家的关系。① 10 月，在中国—东盟峰会上，中国国务院总理温家宝重申，中国愿与东盟国家加强合作，实施南海各方行为宣言。在首届东盟国防部长扩大会议上（ADMM Plus），当南海问题被提出时，中国国防部长梁光烈作出了温和的回应。11 月，中国国家副主席习近平访问新加坡，期间向地区各国重申了中国在该地区寻求和平的意愿。

2010 年底，鉴于争议各方正在商讨起草执行南海各方行为宣言的指导方针，很多观察家预计南海局势将逐步趋于稳定。2011 年 3 月至 6 月，菲律宾和越南单方面在争议海域勘探油气资源，中国海洋执法部门强力干涉，使南海问题再次急剧升温。中越、中菲在南海问题上的矛盾，达到了 20 世纪 90 年代中后期以来前所未有过的地步。但值得肯定的是，各争端方都认识到在冲突进一步升级前进行外交协商的重要性。6 月，越南派出特使到北京。双方同意通过谈判解决争端，避免采取让局势更加紧张的行动，以及反对第三方介入，并在各自国内积极引导舆论。② 8 月下旬，中国和越南国防部官员在北京会面，讨论如何给南海局势降温。两国高级

① *VNA*, August 26.

② http: //www.fmprc.gov.cn/chn/gxh/tyb/fyrbt/jzhsl/t834597.htm, accessed December 15, 2011.

官员在9月初再次会面，第五轮中越指导委员会年度会议在河内召开。双方抓住机会缓解紧张局势。国务委员戴秉国和副总理阮善仁发表的联合声明语气和谐，双方承诺遵守南海各方行为宣言。7月，在中国—东盟外长会议上，相关国家达成实施南海各方行为宣言的指导方针。中国承诺与其他纠纷国家合作实施南海各方行为宣言，建议召开一个研讨会讨论南海航行自由，建议设立三个技术委员会以负责海洋科研和环保、航行安全、搜救和打击海上跨境犯罪。[①]

2011年10月，越南党的总书记阮富仲对中国的访问显得尤为重要。访问期间，两国决定建立领导人之间的热线电话，这表明两国都渴望更加有效地处理有可能发生的危机。两国同意深化两军之间的合作，包括继续进行国防部副部长级别的战略对话，努力在国防部之间建立直接的电话联络，扩大年轻军官的交流，探索沿陆地边界联合巡逻的可能性，海军继续在北部湾联合巡逻以及增加海军的港口互访。依据两国达成的关于解决海洋纠纷的基本指导原则的协定，中国和越南承诺寻求一个基本的长期的方案解决双边海洋领土纠纷。双方同意积极寻求不会影响任何一方立场和诉求的临时解决方案，包括联合开发。两国同意先解决一些相对容易的问题，比如，在北部湾的湾口地区寻求划界和共同开发，海洋环境保护、海洋科研、搜救合作以及灾害预防和救济。中

① http://world.huanqiu.com/roll/2011-07/1835028.html, accessed December 15, 2011. China organized the workshop on the freedom of navigation in the South China Sea in mid-December, 2011 in Haikou.

国和越南还同意在边界谈判代表团团长之间定期举行会议，并在他们之间建立热线电话，以便在海上出现冲突时能够及时沟通。①

2011年12月，中国国家副主席习近平对河内进行正式访问，双方强调了双边关系的重要性，并指出贸易、教育、青年交流以及两党关系为双边合作的重点。至于南海问题，两国领导人重申过去的承诺：避免使用武力、互相尊重对方的利益和通过国际法解决争端。

在菲律宾总统阿基诺于2011年8月下旬和9月初访问中国期间，两国力图淡化南海争端。访问期间公布的联合声明，只是简单地提到海洋纠纷不应影响两国整体的双边合作关系。两国领导人重申，他们将寻求通过和平谈判方式解决争端，并遵守南海各方行为宣言。② 中国和菲律宾坚持将注意力集中在商业和经济关系上。200多名菲律宾商界人士与阿基诺一起访问中国。访问期间，双方探讨了多项经贸合作方案。中方对在菲律宾联合采矿表示出了兴趣。这项合作可能会引进中方20亿到70亿美元的投资。③ 北京和马尼拉表示，到2016年双方将努力把双边贸易额增加到600亿美元，游客人数增加至200万。④

---

① http：//news. xinhuanet. com/politics/2011 - 10/12/c_ 122144683. htm，accessed December 10，2011.

② http：//www. fmprc. gov. cn/chn/pds/gjhdq/gj/yz/1206 _ 9/1207/t854349. htm，accessed December 12，2011.

③ Xinhua，August 31.

④ Xinhua，September 1.

2011年11月，在中国—东盟峰会上，中国国务院总理温家宝表示，中国将继续做东盟的好邻居、好朋友和好伙伴。他表示中国愿意与东盟国家一起，致力于推动全面实施南海各方行为宣言和讨论南海行为准则的起草工作。温家宝还声明提高中国对东盟的经济援助及加强经济合作。中国的具体建议包括：向东盟派遣更多的商业代表团，以加强中国与东盟国家的贸易和投资关系；在南宁设立东盟产品展览中心；进一步加强中国与东盟的陆地和海洋交通联络。中国还承诺提供100亿美元的贷款（包括40亿美元优惠贷款）给东盟国家助其发展基础设施，以及30亿人民币的中国—东盟海洋合作基金，用以支持海洋科研和环保、海上运输、航行安全、海上搜救以及打击跨国犯罪。① 在东亚峰会上，当南海问题被提出时，温家宝没有抨击美国总统奥巴马和其他领导人的言论，而只是重申了中国对南海争议的官方立场。他对南海各方行为宣言表示了积极的看法，并强调中国致力于通过和平手段与争议各方解决南海问题的立场。另外，他重申了南海的航行自由。②

---

① "China pledges to be 'good friend'," *Straits Times*, November 19, 2011; *Lianhe zaobao*, [Chinese premier Wen Jiabao: China opposes the involvement of external forces in the South China Sea], November 19, 2011.

② *Xinhua News Agency*, http://news.xinhuanet.com/2011-11/19/c_111180192.htm? prolongation=1, accessed December 15, 2011.

三、区外大国的介入

（一）美国

越南和美国在2004年进行了首次防务对话，但防务合作在接下来的几年发展缓慢。2009年后，越美防务关系明显加强。2010年8月，越美举行了第一个副部长级别的防务对话，显示其防务关系又有所升级。这次会议集中讨论了未来的双边合作领域，如人道主义援助和救灾、搜救、国际维和以及海上安全，双方还交换了对中国军事现代化的意见。2010年10月，越南国防部副部长阮志荣访问了华盛顿，讨论了美国参加首届东盟国防部长扩大会议（ADMM Plus）问题。

2011年，越美开始讨论把双边关系提升到“战略伙伴”关系。一般来说，越南用“战略伙伴”来描述与其关系特别密切的国家。越美第四届政治、安全和防务领域的对话于2011年6月在华盛顿举行。这次对话讨论了维和行动和训练、人道主义援助和灾难救济、反恐和反毒品、防核武器扩散以及海上安全。一个月后，两国签署了第一个正式的军事协议——军事医疗合作的意向声明。8月5日，美国第七舰队司令访问河内；8月13日，“乔治—华盛顿”号重返越南水域。越南官员再一次被允许登舰观摩航母操作。9月19

日，双方在华盛顿举行了第二届防务政策对话。美国国防部副部长助理帮办罗伯特·谢尔和越南国防部阮志荣副部长签署了第一个正式国防合作谅解备忘录（MOU）。该谅解备忘录包括主要五个领域：建立一个定期的防务部门高层官员之间的对话；海上安全；海上搜救；联合国维和行动的学习和经验交流以及人道主义援助和救灾。

不管美菲“共同防御条约”在南海问题上适用的技术性讨论如何，事实是2011年马尼拉和华盛顿这对盟友关系变得更加紧密。与越南一样，登上美国的航空母舰是一种极具象征意义的活动。2011年5月14日，在中国国防部长即将到访之际，阿基诺总统和他的几名内阁成员飞抵位于南海并驶向菲律宾的“卡尔文森”号（Carl Vinson）。[①] 6月，菲律宾外长阿尔伯特·罗萨里奥（Albert Del Rosario）访问华盛顿并会见了国务卿希拉里、国防部长盖茨和国家情报部长詹姆斯·克拉帕（James Clapper）。[②] 会晤时希拉里表示对南海近期发生的事件表示担忧，声称这些事件破坏南海稳定。双方同意就维持航行自由、尊重国际法和在南海的合法商业合作不受阻碍等方面进行协商。

当罗萨里奥参观五角大楼时，他提交了一份购买海军装

① Christine O. Avendano, et al, “Palace sees no terror backlash against quino visit to ship,” *Philippine Daily Inquirer*, May 16, 2011.

② Pia Lee-Brago, “US willing to help Phl getF-16 jets,” *The Philippine Star*, December 25, 2011.

备的“愿望清单”。[1] 据报道，这份清单包括12架F-16战斗机。美国国防部长盖茨表示愿意帮助菲律宾加强海上能力。在过去的10年间，菲律宾接受的美国军事援助比任何其他东南亚国家都多（平均每年7000万美元）。罗萨里奥会见克拉帕（Clapper）时，克拉帕同意加强美菲情报交流以提高菲律宾的海上态势感知能力。

7月，美菲海军进行了为期11天的演习。这个演习是两国年度“海上联合战备训练演习”（CARAT）的一部分，它包括海上拦截、巡逻演习和重炮演习。10月，3000名美军和菲律宾海军陆战队员进行了为期两周的系列演习，其中包括在巴拉望西部（Palawan）模拟联合应对敌对海滩攻击。

11月16日，国务卿希拉里和菲律宾外长罗萨里奥在菲律宾会晤并发表了“马尼拉宣言”，重申双边关系和防务关系。在会晤阿基诺总统时，希拉里将菲律宾描述为一个“值得信任的盟友”，并强调“让我说，美国将永远在菲律宾的周围。我们将始终与你站在一起、一起战斗以争取实现我们所追求的未来”。站在停靠在马尼拉港的“菲茨杰拉德”号（USS Fitzgerald）驱逐舰甲板上，希拉里说道：“我们必须确保这个同盟依然强劲，有能力为菲律宾人民和美国以及我们在整个太平洋地区的邻居们提供所要的结果。”

---

① Michael Lim Ubac, “Philippines shops for US military gear,” *Philippine Daily Inquirer*, June 5, 2011.

（二）日本在南海的角色

在2011年东盟系列会议上，日本以非领土主张国的身份介入南中国海的争端，提出多边海事论坛的议案，坚持将南海问题纳入各地区多边机制的议程。① 另外，日本也力图加强与区内声索国，如越南和菲律宾在海洋领域的合作。菲律宾总统阿基诺在2011年9月访问日本期间，日菲两国领导人发表共同声明重申“航运自由、贸易畅通、遵循既成的国际法包括联合国海洋法公约（UNCLOS）以及和平解决南海争端”的立场。② 日本同意派遣日本海保厅巡视船到菲律宾支持其能力建设，安排两国海军领导间的互访以及日本海上自卫队到菲律宾港口的停靠。③

日本国防部长一川保夫（Yasuo Ichikawa）与越南国防部长冯光青（Phung Quang Thanh）10月24日签订了关于国防合作和国防部交流的备忘录，双方同意在南海问题上互相合作。④ 几天后，日越两国发表联合声明，确认南海的和平

① See *Chair's statement of the 19th ASEAN Summit ASEAN-Japan Plan of Action* (http://www.aseansec.org/documents/19th%20summit/JP-PoA.pdf)

② *Japan-Philippines Joint Statement on the Comprehensive Promotion of the "Strategic Partnership" between Neighbouring Countries Connected by Special Bonds of Friendship*, 27 September 2011.

③ James Hardy, "Japan, Philippines agree 'strategic' ties", *Jane's Defence Weekly*, 5 October 2011, p. 25.

④ Nanae Kurashige, *The Asahi Shimbum*, 25 October 2011, (http://ajw.asahi.com/article/behind_news/politics/AJ2011102515718) accessed on 17 January 2012.

稳定是国际社会的共同利益，呼吁全面实施南海各方行为宣言，以及早日形成与现存国际法相符的行为准则（COC），双方一致认为这些法规应该在南海问题上得到推广和遵守。①

日本介入南海问题，除了在战略上牵制中国的地区影响力外，也是担心南海出现重大安全事件将会危害到自身的经济利益。目前90%的日本原油进口要经过南海航线。② 日本首相野田佳彦在一次采访中说："虽然日本在南海没有领土主张，但是东京也同东南亚国家一样担忧南海问题，因为这是一条对日本至关重要的贸易运输线。"③ 另外，日本政府出台了各项鼓励政策，支持日本企业竞标石油生产国的项目，其目标是到2030年日本拥有产权的企业进口原油的总量要占到日本原油进口总量的40%，大大高出当前的19%。因此，日本近年来一直在南海扩展其油气资源利益。比如，2010年2月，日本的一家私人企业在位于越南专属经济区（EEZ）内的Nam Rong-Doi Moi近海油田开采到了第一批石油。日本公司如出光兴产株式会社、日本三菱石油公司、帝国石油公

---

① *Japan-Vietnam Joint Statement on the Actions Taken under Strategic Partnership for Peace and Prosperity in Asia*, 31 October 2011,（http://www.kantei.go.jp/foreign/noda/statement/201110/31vietnam_e.html） accessed on 18 January 2012.

② Tetsuo Kotani, "Freedom of Navigation and the US-Japan Alliance: Addressing the Threat of Legal Warfare" in *US-Japan Papers*（Tokyo: Japan Center for International Exchange, 2011）, p. 4.

③ Mure Dickie, "Concern at Assertive China and Maritime Uncertainty," *Financial Times*, 30 Oct 2011（http://www.ft.com/intl/cms/s/0/cd6e8e0c-02c1-11e1-899a-00144feabdc0.html#axzz1jgKzy6YM）, accessed on 7 January 2012.

司等都对 Nam Rong-Doi Moi 近海油田以及越南其他两个正在开采的油田产生了浓厚兴趣。[①]

日本还将南海问题纳入了其东亚地区的整体安全战略规划。一位日本学者分析道，虽然日本不是南海领土争端方，但是从安全的大局出发，南海上的武装冲突将会影响到东海，涉及到中美两国，最终不可避免地影响到日本。所以，日本在南海事件中难以袖手旁观。[②] 另一位日本学者认为南海的安全情势也会影响到日本周边海域的安全。因此，东京在 2011 年 6 月修改了它与华盛顿的共同战略目标，加入了通过推广相关的国际惯例和法律来保证海上安全以及航运自由等内容。[③]

（三）印度介入南海问题

越南国家主席张晋创（Truong Tan Sang）在 2011 年 10 月访问新德里时，与印度发表的联合声明声称，“印度和越南两国强调维持公海的和平、稳定以及确保航运安全和自由

① US Energy Information Agency（EIA），Country Analysis-Japan（http：//205. 254. 135. 7/countries/cab. cfm? fips = JA），accessed on 16 January 2012.

② Kazumine Akimoto，“Strategic environment in East Asian waters and issues of the South China Sea”，*OPRF Marint Monthly Report*，August 2011，p. 18，（http：//www. sof. or. jp/en/monthly/pdf/201108. pdf#page = 20），accessed on 12 January 2012.

③ See Joint Statement of the Security Consultative Committee，“Toward a Deeper and Broader US-Japan Alliance：Building on 50 Years of Partnership” 21 June 2011（http：//www. mofa. go. jp/region/n-america/us/security/pdfs/joint1106 _ 01. pdf），accessed on 10 January 2012.

的重要性。双方都认为东海（南海）的争端应采用和平手段解决，任何相关方都不应武力威胁或者诉诸武力，并且遵循公认的国际法原则，包括1982年联合国海洋法公约和2002年东盟—中国南海各方行为宣言”。[①] 该声明只是印度近年来逐步深入介入南海问题的一个例子。印度的介入受到其地区安全战略考虑、经济贸易利益、海洋油气资源开发以及与东南亚不断发展的总体关系的影响。

印度海军准将 C. Uday Bhaskar（印度国家海洋基金的前负责人）认为：“印度希望保持在南海地区的海军实力，正如每个大国都希望拥有和维持一定海上实力一样，尤其考虑到南海连通印度洋和太平洋的重要战略地位。”[②] 印度极力介入南海问题的愿望也表现在最近的一些国防外交动向上，包括港口访问、海军联合演习、为部分国家提供培训、销售军备并且为购买前苏联、俄罗斯军备的国家，如越南和马来西亚，提供维修和后勤服务等。一些分析人士认为，印度介入南海问题是对中国在南亚地区日益增强的影响力的反制措施。前印度外交官 M. K. Bhadrakumar 指出，印度在南海的行为不只是关于能源安全或者国际法的争论，而是中国—巴基斯坦—印度三角关系在东南亚的翻版，只不过在东南亚，

① *Joint Statement on the occasion of the visit of the President of Vietnam*, Ministry of External Affairs, India, October 12, 2011, http://www.mea.gov.in/mystart.php?id=530518387.

② Sridhar Kumaraswami, “India eyes South China Sea pearl,” *Asian Age*, Jun 26, 2011, http://www.asianage.com/india/india-eyes-south-china-sea-pearl-563.

越南取代了巴基斯坦的位置。印度对南海的争议不能保持沉默，就像中国对于印度和巴基斯坦的关系不能保持沉默一样。[①]

印度认为它在南海拥有实际的油气资源利益，并高度警惕它在南海的油气资源投资的安全："我们与越南以及其他国家的合作一直是按照国际法、国际规范以及惯例开展的。印度与越南在能源领域的合作对于保证印度的能源安全十分重要。一些印度公司已经参与了合作，我们希望在未来进一步增进这种合作。"[②] 从 90 年代末期，印度公司开始大力寻找海外石油和天然气的股权。在东南亚，印度国有油气公司的投资分布在东帝汶、印度尼西亚、缅甸以及越南。印度自 1988 年开始投资越南的石油产业。近 20 年，两家印度公司——ONGC Videsh 和 Essar Oil——在越南位于南中国海的专属经济区内开采了四个油区——06.1、114、127 和 128。以 06.1 区块为例，ONGC Videsh（OVL，原名 the Hydrocarbon India Ltd）与越南石油公司（PV）在 1988 年签订了共同生产合同，从此进入越南的能源产业。[③] 这个合同允许 OVL 与英国壳牌石油以及越南石油公司一同开采 06.1 区的天然气。这个气田从2003 年起开始开采，如今其开采量已经

---

① Bhadrakumar "India picks a quarrel with China," *Asia Times*, September 17, 2011, http://atimes.com/atimes/China/MI17Ad01.html.

② As quoted by Bhadrakumar, "India picks a quarrel with China," *Asia Times*, September 17, 2011, http://atimes.com/atimes/China/MI17Ad01.html.

③ For more information of OVL activity in South China Sea, refer to: ONGC and B. Raman, "In Heavy Waters," *Outlook India*, October 17, 2011, http://www.outlookindia.com/article.aspx? 278676.

达到越南天然气总需求量的 50%。2011 年，OVL 投资了 2.24 亿美元开发这个区域。[①] 在印度开采的四个区域内，128 区有着直接的政治意义，因为中国对南中国海提出领土主张的 U 形领土线就跨过 128 区。

印度认为它关注南海也是它与东南亚不断发展的关系的一部分和自然趋势。20 世纪 90 年代印度的“向东看”政策促使其改善同东南亚国家的政治经济关系。中国的迅猛崛起进一步推动印度的“向东看”政策向纵深发展。[②] 印度高度重视与东南亚的经贸关系。东盟和印度的双边贸易从 1992 年的 23 亿美元上升为 2011 年的 571 亿美元。[③] 另外，东盟也成为印度公司海外直接投资（FDI）的一个重要目的地。在 2010 年到 2011 年期间，印度公司在东南亚地区投资的总金额高达 120 亿美元，占到印度海外投资总额 439 亿美元的 27%。2011 年前 5 个月，东南亚吸引印度投资达 50 亿美元，占到印度对外直接投资总额的 21%。同时，东盟对印度的投资也一直稳步上升，2000 年 4 月到 2009 年 8 月，来自新加坡、马来西亚、印度尼西亚和泰国的对印度投资超过了 90 亿

① *ONGC Assets*, ONGC Videsh Limited, http://www.ongcvidesh.com/Assets.aspx? tab = 0and B. Raman, “In Heavy Waters”

② For an overview of India's LEP, refer SD Muni, “India's Look East Policy: The Strategic Dimension” and GVC Naidu, “Whither the look east policy: India and Southeast Asia,” *Strategic Analysis*, Volume 28, No. 2, 2004.

③ “Media Briefing by Official Spokesperson on EAM's visit to Hanoi,” *Press Briefings*, Ministry of External Affairs, India, September 15, 2011, http://meaindia.nic.in/mystart.php? id = 530318274.

美元。[①] 在此背景下，确保海洋运输线的安全、贸易和能源供应的畅通，已经日渐成为印度积极融入东南亚的重要推动力。目前，印度与亚太地区55%的贸易运输都要通过南海。[②] 而且，由于印度与东盟以及中国、日本和韩国之间的贸易呈强劲上升趋势，新德里对南海航道的依赖度只会加强。

四、结论：南海领土争端的未来发展趋势

总体上来说，我们有理由对南海领域近期的安全展望持并不完全悲观的估计。2011 年是这个区域的多事之秋，地区安全状况也因而变得更加恶化。幸运的是，双边以及多边外交措施有效地阻止了争议向公开对抗方向发展。中国在外交上表现得更加灵活，充分展现了同东盟国家加强合作的意愿，并积极推动互信机制的建立，开启南海各方行为准则的磋商。这些积极措施在很大程度上改变了中国的被动局面，增强了本区域各国内部希望与中国良性互动的政治力量的声音，也在一定程度上减少了区域外大国更深介入南海争端的可能。

中国南海的前景究竟如何？未来南海区域安全环境将会

---

① Archana Pandya and David M. Malone, "India's Asia Policy: A Late Look East," *ISAS Special Report* No. 2, August 2010, p. 11.

② Amit Singh, "South China Sea Dispute and India," *SAEA Country Reports*, September 25, 2011, http://saeagroup.com/articles/2011/sept/south-china-sea-dispute-and-india.html.

主要受到五种因素的影响，这些相互影响的因素包括：中国与东盟建立信任机制的程度、区域海洋执法能力的提高、区域军事力量的现代化、中美在东亚的战略竞争以及区域多边安全机制的演变。

在中国与东盟之间，有两个方面的事情值得关注：一是信任措施的建立和实施；二是正式行为准则的谈判。南海各方行为宣言确定了五个可能的合作领域：海上环保、海上科研、航海安全和通信、搜救行动、打击跨国犯罪。这些合作项目可以是双边的或者多边的。东盟和中国同意开始讨论这些领域的信任措施。按照过去的经验，建立和实施这些信任措施的进度可能会非常缓慢。因此，南海各方行为宣言的实施、指导方针的达成，在短期内不可能大大降低南海争端的紧张程度。随着对信任措施范围和形式讨论的进行，东盟也希望与中国开展行为准则（COC）的讨论，这是南海各方行为宣言（DOC）和实施方针所要求的。在东盟内部，菲律宾和越南成为制定行为准则最积极的倡议者。2011 年的前 6 个月里，菲律宾总统阿基诺游说印尼、新加坡和缅甸，寻求它们对准则的支持。[①] 越南外交部副部长胡春山表示：“东盟内部对行为准则（COC）有着一致的共识。”[②]

① “Singapore calls for peaceful Spratlys resolution, joint use of resources”, *Philippine Daily Inquirer*, 10 March 2011; “South China Sea disputes up in Brunei”, *Manila Standard Today*, 31 May 2011.

② “Vietnam, China to pursue ‘guiding principles’ on sea disputes”, *BBC Monitoring Asia Pacific*, 15 May 2011.

东盟和中国领导人同意在2012年初开始探讨准则的内容，[①] 一份报告表明，双方已将2012年7月设为准则草案达成的截止日期。[②] 东盟和中国面临着两大问题：第一，11个成员国有着不同的立场和利益，要使他们达成一致协议非常困难。第二，以南海各方行为宣言的经验来看，准则的实施将会是另一个问题。如何处理这些问题以及其他相关问题，还面临很多不确定性。而且，东盟2012年到2015年的轮值主席国将不大可能把南海视为首要事务处理。南海相关争议方能否在未来几年达成具有实质意义的稳定南海局势的协议，还是一个未知数。

可以肯定的是，南海问题会长期成为区域多边安全论坛的重要议题之一。跟近几年一样，东盟部长级会议以及东盟峰会都不可避免会讨论南海问题。部分原因是2008年发布的东盟宪章中写明，成员国在对外事务的行动中应“协调并且尽一切努力来形成共同的立场”。另一个原因是东盟一些领土主张国家，比如越南和菲律宾，对其他成员国的游说和压力。因此，东盟自身的各级别会议将会继续讨论南海问题。扩大的东亚峰会似乎正逐渐将地区政治和安全问题纳入议题，也可能继续讨论南海问题。例如，在2011年的东亚峰会上，18个成员国中有16个国家提出了对海洋安全的担忧。

① “China promotes South China Sea code of conduct”, *Xinhua*, 22 November 2011.

② “2012 deadline set for Spratlys code”, *The Philippine Star*, 22 November 2011.

尽管中国认为东亚峰会不是讨论安全问题的合适场所，然而这次东亚峰会的主席总结声明显示，海洋安全已经被合法列入会议的关注范围。

其他区域安全论坛也在关注包括南海在内的海洋安全。首先，东盟国防部长会议（ADMM）将继续讨论南海问题。2010 年 4 月举行的第四次东盟国防部长会议达成共识，即东盟成员国的海军将进行海上联合巡逻。2010 年 8 月召开的东盟国防部长会议，将该机制扩大到东盟的八个对话伙伴：澳大利亚、中国、印度、日本、新西兰、俄罗斯、韩国和美国，并决定东盟国防部长扩大会议（ADMM Plus）每三年召开一次。这次会议设立了东盟国防高级官员会议扩大会议（ADSOM Plus），另外决定成立五个专家工作组，包括东盟国防高级官员扩大会议海洋安全专业工作组，这个工作组的商议结果要求汇报给东盟国防高级官员扩大会议。

第二，东盟海洋论坛（AMF）的发展方向值得关注。东盟海洋论坛是 2010 年在东盟政治安全共同体蓝图下建立的。东盟海洋论坛第二次会议 2011 年 8 月在泰国举行，这次会议提议召开包括对话伙伴在内的东盟海洋论坛扩大会议（AMF Plus）。东盟海洋论坛专注于全面的海洋事务，并没有特别针对南海问题，但是不能排除在未来几年的东盟海洋论坛以及东盟海洋论坛扩大会议将集中关注南海问题的可能性。未来东盟的轮值主席国可能不会特别强调南海问题，但是其他国家比如越南和菲律宾以及美国可能希望利用这两个论坛。

第三，东盟地区论坛关于海洋安全的会间会（ARF

ISM)。这个会议在 2009 年由东盟地区论坛设立，随后在 2011 年 7 月的第 44 届东盟部长级会议上通过了其工作计划，侧重信息的分享、能力的建设以及培训。南海问题很可能成为这个机制的议题之一。

这些区域安全机制并不能为南海问题的最终解决产生实质性影响，但是它们将南海问题纳入议程，再加上区外大国的搅合，会给中国造成极大的战略压力，严重影响中国与部分周边国家的关系，干扰中国的东亚外交和安全战略布局。即使南海各方行为准则能够达成，可能也是一个比较松散的协议，菲律宾和越南可能会认为这样的松散协议并没有满足他们的安全顾虑。如果是这样的话，他们可能会继续鼓励美国以及其他外部力量进一步涉足南海问题。目前看来，美国将大力实施它“重返”东亚和将重心转移到亚太的战略，美国不会轻易放弃利用南海这个方便又便宜的外交牌，中美在地区战略上的竞争可能会加剧。南海问题很难摆脱成为低度至中度地区热点问题的命运。

南海局势及其发展趋向

赵　毅*

近年来，围绕南海问题，一些东南亚国家与中国的矛盾加剧，美国、日本及印度等区域外大国也不同程度介入，推动南海问题国际化。多重因素交织在一起，使南海由潜在热点日趋发展成现实热点，成为影响东亚地区和平与稳定的关键问题之一。

一、南海争端加剧的原因

近年来，造成南海地区形势日趋复杂的原因主要有以下几个方面。

（一）部分东南亚国家针对南海争端频频出招

进入新世纪以来，在中国及东盟的共同努力下，南海形势曾保持稳定积极的发展态势。中国与东盟各国于2002年签署《南海各方行为宣言》，尽管这只是一份政治宣言，但其

---

* 赵毅，国防大学战略研究所研究员。

毕竟是中国与东南亚各国为了促进南海地区稳定与和平达成的重要承诺，具有里程碑意义。遗憾的是，落实《宣言》的行动始终没有突破性进展，部分东南亚国家屡次违背《宣言》精神，运用多种手段加强对南海岛礁主权及海域的争夺。

越南近年来在南海问题上频频出手。一方面，越南大力推动南海问题走向多边化。2010 年，越南利用担任东盟轮值主席国的机会，成功地将南海问题纳入到东盟若干会议议程，在东盟高峰会、东盟地区论坛和第一届东盟国防部长扩大会议上，南海问题都成为焦点。越南还大力引进区域外力量介入南海问题，美国、日本、印度等都成为越南借重的对象。2010 年，就在越南担任东盟轮值主席国期间，美国“重返亚洲”，国务卿希拉里出席东盟地区论坛，高调介入南海问题。2011 年 10 月 30 日至 11 月 2 日，越南总理阮晋勇访问日本，首次承认日本在南海地区拥有利益，两国在发表的联合声明中指出，“双方认为东海（指南海——作者注）的和平与稳定是国际社会的共同利益，两国欢迎《南海各方行为宣言行动准则》的落实，并呼吁在符合国际法的条件下全面执行 DOC 以及尽快建立 COC。两国强调航行自由、无障碍的贸易活动，遵守包括 1982 年《联合国海洋法公约》在内的国际法以及和平解决分歧，符合这一地区所有国家的利益。两国也认识到需要在东海促进和保护共同利益”。[①] 12

① http://www.mofa.gov.vn/en/nr040807104143/nr040807105001/ns111101153845#P8GRDzFXMp5C.

月，在越南共产党总书记阮富仲对中国进行访问的同时，越南国家主席张晋创访问了印度，对印度的“东向政策”表示支持，两国准备推动合作，共同保证海上通道安全。在南海问题上，两国专门声明，“双方认为，东海/南海分歧应该在普遍承认的国际法准则内，包括1982年《联合国海洋法公约》和2002年中国与东盟签署的《南海各方行为宣言》，通过和平谈判手段解决，相关各方不应通过威胁或使用武力解决”。[①]

另一方面，越南对占领岛礁及相关海域加强了控制。2009年4月25日，越南正式任命所谓的“黄沙岛县”（西沙群岛）人民委员会主席，以“管理”西沙群岛，5月7日，越南政府向联合国大陆架界限委员会单独提交《南海外大陆架划界案》，[②] 试图把侵占的南沙岛礁合法化。2010年4月，越南国家主席阮明哲视察了南沙白龙尾岛；[③] 2011年5月，越南又在其侵占的南沙群岛岛礁上举行所谓的“国会代表”和地方“人民议会代表”选举，再一次违背《宣言》精神，激化了矛盾。除了通过行政手段对占领岛礁强化管理外，越南还注重改善海军装备，加强其对南海的军事控制能力，继2009年从俄罗斯引进潜艇和战斗机后，2010年又从加拿大

---

① http://www.mofa.gov.vn/en/nr040807104143/nr040807105001/ns111013071810#KSPiDu1PeT47.

② http://www.chinanews.com.cn/gn/news/2009/02-18/1569135.shtml.

③ 褚浩：《南海问题的新形势与新发展》，《国际资料信息》2010年第12期，第40页。

购买六架水上飞机。[①]

菲律宾和马来西亚等国也不甘落后。菲律宾国会在2009年2月通过了《领海基线法案》，将中国的黄岩岛和南沙群岛部分岛礁划为菲律宾的主权范围。[②] 2010年9月，菲律宾计划对其在南沙岛礁上的军事哨所进行修理，并改善基础设施。[③] 2011年4月，菲律宾常驻联合国代表团照会联合国海洋事务和海洋法司，质疑中国关于南海的主张，为自己侵占南沙岛礁做辩护。9月，菲总统阿基诺三世访问日本时，又与日本首相讨论了南海问题，两国在联合声明中指出，在南海地区“自由航行、无阻碍的贸易活动、遵守包括《联合国海洋法公约》在内的国际法，以及和平解决分歧符合两国及整个地区的利益”。[④] 马来西亚是最早在南沙岛礁推动旅游项目的国家，也是攫取南海油气资源的重要国家之一，为了加强对南沙岛礁及海域的控制，2010年8月，其第一艘潜艇列装入海军服役，并且参与了在南海海域举行的军事演习。[⑤]

---

① 鞠海龙、宋燕辉：《论当前中国和平维护南海权益的国际环境》，《东南亚研究》2011年第4期，第46页。

② http: //www. chinanews. com. cn/gn/news/2009/02 - 18/1569135. shtml.

③ Philippines plans renovation in Spratly's bases, *Reuters News*, September 14, 2010.

④ http: //www. kantei. go. jp/foreign/noda/statement/201109/27philippines_ e. html.

⑤ Malaysian navy's first submarine debuts in South China Sea exercise, *BBC Monitoring Asia Pacific*, August 9, 2010.

（二）美国挑动南海问题升温

在南海争端中，美国切实发挥了所谓“巧实力”的作用。先是通过抛出敏感话题，促使南海问题升温，然后改变以往不介入的态度，以当事人的姿态高调介入南海问题，最后达到加强与东盟国家关系的目的。2010 年 4 月，《纽约时报》刊文指出，根据参与制定对华政策的美国官员透露，中国官员在 3 月份对访华的美国政府两位高级官员杰弗里·拜德和詹姆斯·斯坦因伯格说，北京不会容忍对南中国海事务的干涉，它是中国的“核心利益”。这位官员还说，这是中国第一次把南海与台湾、西藏问题并列，标明为核心利益。[①]《纽约时报》的这篇文章在部分东南亚国家引起很大反响，加深了这些国家对中国的疑虑。6 月，在新加坡举行的香格里拉论坛上，美国国防部长罗伯特·盖茨把南海问题与所有亚洲国家的经济与安全利益联系起来。他说，“这片海域不仅对周边国家至关重要，对全部亚洲国家的经济与安全利益都至关重要。我们的政策是：必须保持稳定、自由航行和无阻碍的经济活动，我们不站在任何主权声索方一边，但我们反对使用武力及妨碍航行自由的做法，任何干预美国和其他国家公司在本地区进行合法经济活动的做法，我们都坚决反

① Edward Wong, “Chinese Military Seeks to Extend Its Naval Power”, *The New York Times*, April 23, 2010.

对”。[①] 不难看到，盖茨试图鼓动所有亚洲国家在南海问题上对中国施压。7月，美国国务卿希拉里在越南首都河内出席东盟地区论坛时，首次提出美国在南海拥有国家利益：“和其他国家一样，美国在南海拥有国家利益，包括自由航行、海上经济活动自由、尊重国际法。我们不仅与东盟或东盟地区论坛参与国分享这些利益，还与其他海洋国家分享。”[②] 希拉里的讲话是美国深度介入南海问题的标志，有国际媒体认为，希拉里此次访问亚洲的意义可以和1971年基辛格的亚洲之行相媲美，但内容意义完全不同。[③] 美国还以实际行动支持南海周边国家。2010年8月，美国向菲律宾海警赠送四艘巡逻艇，加强其海上巡逻能力。[④] 美国还通过举行联合军事演习等形式在南海地区炫耀武力，2010年8月，美国“麦凯恩”号导弹驱逐舰以纪念美越建交15周年的名义访问了越南，两国海军在灾害控制、搜救等方面进行了联合演练。[⑤] 与此同时，“乔治·华盛顿”号航母在两艘导弹驱逐舰和一艘巡洋舰的护卫下驶入南海海域并对菲律宾进行了访问。该航母舰长劳斯曼接受采访时说：“为了维护海上安全，我们

---

① http://www.iiss.org/conferences/the-shangri-la-dialogue-2010/plenary-session-speeches/first-plenary-session/robert-gates/.

② http://www.state.gov/secretary/rm/2010/07/145095.htm.

③ “Hilary's Kissinger Moment”, *New Europe*, September 5, 2010.

④ “US dontates patrol boats to Philippines police”, *Agence France Presse*, August 16, 2010.

⑤ “US Navy Destroyer Docks in Vietnam for Four-Day Visit”, *Thai News Service*, August 12, 2010.

不仅对南海海域，还要对整个西太平洋地区进行监视。”[①] 美国政府的一系列行动使一些东南亚国家欢欣鼓舞，在南海问题上态度更加强硬，使南海争端激化到近年来的高峰。

（三）日、印等区域外国家跟进介入南海争端

2010 年以来，日本对南海的介入大大深化，从政治领域向防务领域扩展。11 月，越南国防部长与日本驻越大使就两国海上军事合作开展讨论；12 月，日越首次战略对话在河内举行，双方围绕南沙群岛等问题交换了意见。[②] 2011 年 10 月，日本外相玄叶光一郎先后对新加坡、马来西亚和印度尼西亚进行访问，提出要建立多边框架机制解决南海问题，与中国的立场针锋相对。

日本介入南海争端出于多种考虑。第一是为了保障能源通道安全，因为日本从海外进口的油气资源主要经过南海航线运抵国内。第二是为了拉紧与东南亚国家的关系。东南亚国家是日本重要的贸易伙伴，随着中国—东盟自贸区的建立，日本在东南亚国家的市场份额有降低趋势，通过介入南海争端可以使日本与东南亚国家增进感情，达到巩固与这些国家经贸联系的目的。第三是为了实现联合国安理会常任理事国的目标。多年来，为了争当政治大国，日本一直把推动

---

① “US ship on 4-day visit to Manila”, The Philippine Star, September 5, 2010.

② 张瑶华：《日本在中国南海问题上扮演的角色》，《国际问题研究》2011 年第 3 期，第 53 页。

联合国改革、获得安理会常任理事会席位作为目标，并在世界各国游说拉选票。通过介入南海争端，日本在东南亚国家取得了重大进展，2011 年 9 月，菲律宾总统阿基诺三世访问日本时，明确表态支持日本成为安理会常任理事国。[①] 10 月底至 11 月初，越南总理阮晋勇访问日本时，在这一问题上也支持日本。[②] 第四是为了牵制中国，争夺东亚事务主导权。自冷战结束以来，日本一直在利用各种机遇牵制中国，2011 年日本出版的《防卫白皮书》认为：“无论在名义上还是事实上，中国正在成为一个大国，在地区和世界上发挥重要作用。”同时日本希望对中国的作用进行限制，白皮书“希望中国认识到作为大国的义务，接受国际准则，在地区和世界事务中发挥主动的、合作者的作用”。[③] 日本希望利用南海问题增加对中国的牵制力量。早在 1995 年，中日两国领导人会晤时，日方就对南海形势表达“关切之意”。[④] 2011 年日本防卫省下属的防卫研究所首次出版《中国安全战略报告》，认为中国“有可能以夸耀压倒性的军事力量，企图以有利于本国的形式，解决与东南亚各国之间为悬案的南沙群岛领有

① http：//www. kantei. go. jp/foreign/noda/statement/201109/27philippines_ e. html.

② http：//www. mofa. gov. vn/en/nr040807104143/nr040807105001/ns111101153845#P8GRDzFXMp5C.

③ http：//www. mod. go. jp/e/publ/w_ paper/2011. html.

④ 张瑶华：《日本在中国南海问题上扮演的角色》，《国际问题研究》2011 年第 3 期，第 52 页。

权问题”。[①] 因此，日本对南海问题的介入力度也在加大。

印度不仅与美、日等国联手干预南海问题，还与南海周边国家加强合作，加紧介入南海问题。印度向南海地区渗透，既有经济利益的考虑，更是实现大国抱负的需要。由于南海蕴藏着丰富的油气等矿藏资源，而印度是一个能源短缺的国家，与南海周边国家合作，向南海地区渗透可以有效缓解国内能源紧张的局面。现在，印度与越南在南海合作开发的油气田，成为印度“在海外最大的一笔投资项目”。[②] 2011年10月，越南国家主席访问印度时，两国石油公司又达成了新的合作协议。[③] 印度插手南海问题更多是为了实现大国的目标，通过插手南海问题，印度能走出南亚和印度洋，向东亚和太平洋地区拓展。印度国内舆论认为，“在保护环绕亚洲大陆海上交通线安全方面，印度负有重要使命。当印度不由自主地卷入到南海地缘政治争吵时，它必须为本地区的新力量格局做好应对”。[④]

---

① 《中国安全战略报告》（中文本），东京：日本防卫省防卫研究所，2011年3月第1版，第14页。

② 王历荣：《南中国海争端中的印度》，《南亚研究季刊》2005年第3期，第56页。

③ http://www.mofa.gov.vn/en/nr040807104143/nr040807105001/ns111013071810#KSPiDu1PeT47.

④ “C Raja Mohan, South China Sea”, *Indian Express*, August 4, 2010.

二、南海局势发展走向

在过去几年里，南海地区持续紧张，未来的形势如何发展，在世界上引起了广泛关注。总的来看，主要有三种因素在影响南海问题的发展趋势。

（一）美国等域外大国将继续强化干预南海问题

美国干预南海问题是在其战略东移的大背景下进行的。小布什总统执政时期，面对中国的快速发展，美国战略界一直在鼓动本国政府把战略重点转向东亚，“9·11”事件的爆发转移了美国的注意力。随着“基地”组织头目本·拉登被击毙，全球反恐战争取得了阶段性胜利，美军逐渐撤出伊拉克和阿富汗，美国政府加快了战略东移的进程。2011 年 10 月，国务卿希拉里在《外交政策》杂志上发表了《美国的太平洋世纪》一文，她指出，过去 10 年，美国把主要精力用于应对伊拉克和阿富汗问题，下一个 10 年，美国将锁定亚太地区。谈到中美关系时，希拉里指出：“说到底，没有任何手册可用于指导不断发展的美中关系，然而，利益攸关，不容失败。当我们前进时，将继续把与中国的关系纳入到更广泛的地区性安全联盟、经济网络和社会纽带的框架内。”[①] 归

① http://www.state.gov/secretary/rm/2011/10/175215.htm.

根到底，美国要利用各种手段牵制中国，不允许中国挑战其在亚洲的霸主地位。干预南海问题既能有效牵制中国，拉住东南亚国家，也可以强化美国与东亚盟友之间的关系，从而体现美国的“领导者”地位。现在，美国的意图正在实现，2011 年 11 月，美国与澳大利亚达成协议，决定从 2012 年起逐步向澳大利亚派驻美国海军陆战队，总兵力将达到 2500 人。[①]

在美国的带领下，日、印、澳等国必然要继续插手南海问题，实现自己的战略利益。

（二）南海周边国家在借重区域外大国力量的同时，将加强内部联合，力图牵制中国

冷战结束以来，为维护本地区的稳定，东盟一直推行“大国平衡”战略，使任何一个大国在东南亚地区都无法左右局势，凸显东盟的主导位。2009 年以来，由于金融危机持续发展，美国、欧盟、日本等发达经济体普遍陷入低迷状态，遇到了结构性难题，部分国家和地区的经济形势甚至恶化，短期内难有起色。与此相反的是，中国国家实力持续增长，特别是中国—东盟自由贸易区建立之后，中国在东南亚地区的影响力大大提高，这引起了部分东盟国家的担忧，再

---

① http://www.whitehouse.gov/the-press-office/2011/11/16/remarks-president-obama-and-prime-minister-gillard-australia-joint-press.

加上近年来中国加大了在南海海域的执法巡逻力度，更引起了这些国家的恐慌，误认为中国要把南海变成自己的“内湖”，搞地区霸权。因此，为了维护在南海的既得利益，东盟国家除了引进和借助区域外大国力量牵制中国以外，还在区域内加强对话与合作，共同抗衡中国。菲律宾和越南两国在2011年就南海渔业合作、海洋石油开发等问题开展了广泛合作。10月，越南国家主席张晋创访问菲律宾时，两国元首强调东盟在解决南海问题上要居于中心地位。[①] 越南与印尼在南海地区的合作也逐步深入。今后，在东盟框架下，东南亚国家在南海地区的合作领域将扩展到灾害救援、打击海盗等非传统安全领域。

（三）中国将一如既往地努力维护南海地区稳定

就南海争端本身来看，中国拥有最充分最合理的理由收回本该属于自己的岛礁及其附属海洋权益，但中国始终坚持与邻为善、以邻为伴的周边外交方针，希望通过和平谈判途径解决问题。因此，南海问题虽然一度出现紧张局势，但中国不断与东南亚国家加强沟通磋商，努力淡化分歧，营造和谐的周边环境。2011年中越两国双边交流非常活跃，10月，越共总书记阮富仲对中国进行正式访问，两国在南海问题上取得重大进展，双方签署了《关于指导解决中越海上问题基

---

① http://www.mofa.gov.vn/en/nr040807104143/nr040807105001/ns111029173123#tFcOdp1Qsrxe.

本原则协议》，决定推进北部湾湾口外海域划界谈判工作，讨论在该海域的共同开发问题。中国与菲律宾也加强了双边交流，2011 年 9 月，菲律宾总统阿基诺三世访华时，两国领导人就海上争议交换了意见，双方重申遵守《南海各方行为宣言》。中国政府还在多边领域努力推动南海地区保持稳定局面。11 月，国务院总理温家宝在出席东亚峰会时宣布，中方将设立 30 亿元人民币的中国—东盟海上合作基金。2012 年是《宣言》签署 10 周年，中国将继续推动落实《南海各方行为宣言》，与东盟有关国家推动务实合作，维护南海地区的稳定。

总的来看，南海形势在向复杂化趋势发展，由于争端持续时间长，涉及问题广泛，牵涉国家较多，使争端的解决极为困难。其实，南海问题虽然关系到六国七方，但“每一具体矛盾却相对单纯”。[①] 从国际法角度看，“南中国海的划界法律工作或许很复杂，但是决不困难”。[②] 只要争端各方加强协商和沟通，增进互信，和平解决南海问题的前景依然存在。

---

① 鞠海龙、宋燕辉：《论当前中国和平维护南海权益的国际环境》，《东南亚研究》2011 年第 4 期，第 50 页。

② 傅昆成：《中国周边大陆架的划界方法与问题》，《中国海洋大学学报》（社会科学版）2004 年第 3 期，第 10 页。

三、积极寻求南海问题的和平解决

南海问题的最终解决，需要具备充分的条件。当前，从外部条件看，国际上有关舆论反对中国、偏袒东南亚小国的倾向比较明显，使中国的国际话语权受到限制，在国际上可以借用的力量也不多。这表明，南海争端目前已经成为影响中国对外关系大局的重要问题，必须从更全面的角度考虑解决南海问题的思路。

第一，要准确界定南海问题及争端。南海问题应该划分三个层次：一是整个南中国海海域，二是U形线内的海域，三是U形线内的岛屿及领海。中国在南海有重要利益，但并非南海全部都属于中国领土范围，更不能把整个南海与中国的核心利益联系在一起。近年来，有的文章笼统地把整个南海都划归中国的“核心利益”范畴，没有把南海问题进行严格的细化分析，在国际上引起了很大误解，使一些国家认为中国要在整个南海地区推行“门罗主义”，无形中增加了我们的外交压力。事实上，如果按照中国界定的核心利益内涵，中国在南海的核心利益仅限于南海四大群岛及其附属的海洋权益，假如不加区分地把整个南海都看作是中国的核心利益，不免有地区扩张的嫌疑。可以说，这种不严谨的表态“在一定程度上加深了外界对中国的疑惑，其负面影响至今仍未消除”。[①]

此外，对于“九段线”还存在一些不同认识，从而影响到国际上对中国南海政策的理解，导致中国有关南海的国际法依据受到一定程度削弱。进一步统一对“九段线”的认识，有利于更好地维护我国在南海的国家利益。

第二，解决南海问题需要有关各方的战略创新。南海问题动因多重复杂，有关各方应有足够的战略耐心和战略智慧，要依靠加强合作和战略创新，而不是激化争端，积极推进南海问题的逐步解决。这也是新的时代条件，对南海问题相关各方提出的约束和要求。

域外大国介入是导致南海问题日趋复杂的重要因素，在冷战时期，美苏两国先后染指这一地区。美国近来声称在南海拥有国家利益，表面来看，其介入的力度加大了，其实美国炒作南海航行自由问题并没有什么新意。早在 1995 年 5 月，美国国务院发言人在谈到美国的南海政策时就提出，南海的航行自由涉及到美国的根本利益。[②] 实际上，正如我国国防部发言人所说的那样，虽然存在争议，但中国与其他南海周边国家一样，从来没有在航行自由问题上设置任何障碍，南海地区的航行自由从来就不是问题。美国此时再次抛出南海航行自由问题，只是一种继续维护其亚太主导地位的

① 王辑思：《世界政治变迁与中国对外战略思考》，《中国国际战略评论 2011》，世界知识出版社，2011 年 5 月第 1 版，第 8 页。

② 陈鸿瑜：《南海诸岛之发现、开发与国际冲突》，台北：国立编译馆，1997 年 11 月第 1 版，第 243 页。

借口。与美国一样，日本、印度等国介入南海问题，都有各自的利益考虑。正确分析和判断域外大国介入南海问题的出发点，可以争取多数，孤立少数。这需要从外交全局来制定南海问题策略。

第三，逐步扩大中国在南海问题上的主动权。中国是一个大国，必须担负起维护南海和平与稳定的国际义务。积极主动地加大与东盟国家在南海问题上的沟通和协调，既是我国作为一个负责任大国必须采取的行动，也是新形势下建立稳定周边关系的需要。就南海问题而言，东盟国家并不希望域外大国介入过深，仍然主张由当事国自己解决问题，通过和平方式处理纠纷。例如，2010 年 7 月，越南官员表示，越南仍然把发展与中国的关系放在优先地位。[①] 美国国务卿希拉里在河内发表关于南海的声明之后，菲律宾外交秘书接受采访时说，东南亚国家并不需要美国来帮助解决与中国在南海问题上的分歧，“谈判应严格限定在中国与东盟之间，美国和其他国家要排除在外”。[②] 这表明，在中国与东盟国家之间仍然存在解决南海问题良好基础。所以，中国在南海问题上主动作为，与东南亚国家加强例如反海盗合作、人道主义援助等非传统领域的合作，将会真正实现南海的稳定与安全，为最终解决分歧创造有利条件。

---

① “Viet Nam Priorities Relation With China”, *Viet Nam News Summary*, July 23, 2010.

② “Philippines says US not needed in South China Sea dispute”, *Agence France Presse*, August 9, 2010.

国际网络空间战略态势评估

温柏华*

网络空间已经成为国家安全新的重要领域。与其他领域不同，网络空间的威胁更加多样化，对国家安全的影响并不亚于传统军事威胁。因此，将国际网络空间的战略态势纳入国家安全的整体战略评估之中非常重要。总的看，目前国际网络空间的多极格局基本形成，各国网络空间的管理模式逐渐明晰，网络空间的国际互信与合作全面展开，网络空间的军事化成为全球安全的重大威胁。同时，中国也已经具备推动国际网络空间健康发展的基本能力。

一、国际网络空间力量呈现多极格局

网络空间行为主体包括个人、非正式组织、正式组织、国家与国际组织五大类。国家是网络空间关键“管理行为”主体。与国际政治格局多极化尚待形成的现状相比，国际网络空间力量多极格局基本形成。这种多极格局主要表现为各国在全球网络空间的影响力已经呈多元状态。

---

* 温柏华，国防大学信息管理中心副教授。

国家对网络空间影响力可以用四个要素来衡量：社会信息化发展成熟度、软硬件产业发展能力、网络服务水平、网络安全应急事件反应能力。[①] 综合起来看，全球有关国家网络空间影响力可以概括如下：

国别	社会信息化成熟度	软硬件发展能力	网络服务能力	网络安全反应能力	总分
美国	9	9	8	9	35
英国	8	7	7	8	30
德国	8	9（硬件）	7	6	30
日本	8	8（硬件）	8	6	30
法国	8	6	8	7	29
韩国	8	7（硬件）	8	6	29
加拿大	8	7	7	6	28
意大利	7	6	6	7	26
俄罗斯	6	7	6	7	26
以色列	6	7	6	7	26
澳大利亚	7	6	6	7	26
爱尔兰	7	8（软件）	6	5	26
新西兰	8	6	6	6	26
印度	6	8（软件）	6	6	26
中国	7	7（硬件）	7	5	26

① 社会信息化发展成熟度包括国家对网络的依赖度和网络脆弱性两个关键指标；软硬件产业发展能力是国家在软硬件产业的市场份额、发展模式、所处产业链位置等指标，表中所标硬件或者软件代表该国对应能力上更突出；网络服务水平包括国家网络服务技术水平、每百人上网用户数、网络接入速度等指标；网络安全应急事件反应能力包括国家组织、相关机制、政策与法律、应急反应时间等指标。

续表

国别	社会信息化成熟度	软硬件发展能力	网络服务能力	网络安全反应能力	总分
罗马尼亚	6	8	6	6	26
新加坡	8	5	7	6	26
墨西哥	6	8（软件）	5	6	25
挪威	7	6	6	6	25
芬兰	6	6	6	5	23
波兰	6	5	6	5	22
埃及	5	5	6	5	21
巴西	5	5（软件）	5	4	19
沙特阿拉伯	5	4	6	4	19
南非	5	5	5	4	19
阿根廷	5	4	5	4	18
越南	5	5	4	3	17
菲律宾	4	5（软件）	4	4	17
土耳其	4	5	4	4	17
印度尼西亚	4	5（软件）	3	3	15
伊朗	4	3	5	3	15
泰国	4	4	4	3	15
古巴	3	4	4	3	14
朝鲜	3	4	3	3	13
其他国家	≦3	≦3	≦3	≦3	

数据来源：由国防大学战略研究所网络空间安全课题组在综合大量资料后评估赋值所得。赋值的含义为：9，超强；8，很强；7，强；6，很大；5，大；4，尚大；3，差；2，较差；1，很差。

按照这四个指标，可以将全球各国在网络空间的影响力大体分成三个层次：第一层是社会信息化成熟度程度高，国家信息基础设施完善，软硬件产业实力强，国家的应急反应机制健全。比如，美国、英国、德国、法国、日本、加拿大、意大利等国。同时，这些国家所承受的网络空间安全风险，也因为社会信息化程度高、对网络空间的依赖多而较大。第二层是社会信息化正在高速发展，国家信息基础设施较为完整，在软硬件产业领域有一定影响力，建立了一定的国家网络空间应急反应机制，但社会信息化的整体成熟度不高。这样的国家对社会信息化的投入非常重视，但因为网络空间的自主能力相对有限，网络空间的安全风险最大。这包括俄罗斯、以色列、印度、中国、墨西哥、澳大利亚、韩国、罗马尼亚、新西兰、爱尔兰、波兰、埃及、巴西等国家。第三层是其他广大的发展中国家。其对信息化建设的投入乏力，主要信息基础设施依赖于外国，对网络空间缺乏自主影响力。比如津巴布韦、利比亚等国。

对上述各国影响力的大体描述，是分析网络空间安全战略态势的起点。从国家层面上看，美国在网络空间的影响力最大，但与第一层次中的其他国家相比，并不占绝对优势。同时，前两个层次的国家之间差距也不明显，并且国家在不同指标上是各有优势。另外，虽然各国间存在相互竞争关系，但相互依赖的程度更高。这是国际网络空间力量多极格局的基本特征。

需要指出的是，这种影响力并不是国家对网络空间的控制力。控制力是影响力在网络空间产生的实际效果，是一个动态博弈过程，不可能用简单的静态指标来衡量。网络空间的现实控制力是典型的复杂系统问题，具有非线性、涌现性（Emergency）、不稳定性、不确定性，多重级联效应（Multiple Cascading Effect）特征明显。也就是说，国家可以对网络空间发挥重要的影响作用，但不可能完全控制网络空间。这种网络空间的不可控制性，也决定了国际网络空间力量多极格局这一必然结果。

二、当前国际网络空间基本战略态势

受传统国际政治与国家安全思维的影响，并在国家利益的驱动之下，各国在网络空间加大筹划与建设力度，深化竞争与合作机制。

（一）加紧对网络空间这一新核心安全领域的战略规划

美国是最早制定网络空间战略的国家。克林顿政府时期是美国对网络安全的认知、政策制定和体制确立的开创时期。网络空间政策的重点是健全关键基础设施。小布什政府制定了首部国家网络空间安全战略，其关注的重点是关键基础设施的防护和网络“反恐”。奥巴马政府2010年公布的《国家安全战略》则正式将网络空间确定为国家安全的核心战略领域之一。2011 年 5 月 16 日发布的《网络空间国际战略》则确立了建立开放互通、安全可靠网络空间的国际战略目标，并确立了技术创新、推动网络安全标准、惩办网络犯罪、建立有效性与包容性的互联网管制结构、强化国际合作、在军事上实施全面慑阻等战略框架，明确了合作与震慑的两手政策，表现出利用网络空间控制全球的根本意图。2011 年 7 月 14 日，美国国防部公布了《国防部网络空间作战战略》，正式将网络空间确定为作战域，加强对相关力量的组织、训练和装备，以提高国防部全面利用网络空间的潜力。[①] 12 月 12 日，国土安全部公布题为《确保未来网络安全的蓝图》[②] 的网络安全战略报告，将关键基础设施防护、构建未来网络空间生态环境作为国内网络安全的重点。目前，美国已经在国家关键信息基础设施与国防信息基础设施的防御上获得了优势地位，并正在积极发展网络攻击能力。这些战略文件表明，美国在网络空间这一新的国家安全核心领域，率先走过了从理论研究到建立国家机制，再到制定完整战略与政策的过程。

英国、德国、法国、韩国、日本、印度、澳大利亚、新西兰、捷克、荷兰、爱沙尼亚等国家，紧随美国制订了本国的网络空间安全战略。土耳其、巴西等国也加快了在这方面

① 参见美国《国防部网络空间作战战略》http：//www. defense. gov/news/d20110714cyber. pdf.

② 参见美国国土安全部网站：http：//www. dhs. gov/files/publications/blue-print-for-a-secure-cyber-future. shtm.

的步伐。与美国不同，这些国家战略的出台是在其国家网络空间安全机制尚未完全成形的条件下制订的，主要关注的是本国的网络空间安全，因此，其侧重于完善网络空间国家管理机制，加强本国关键信息基础设施防护和知识产权保护，打击网络犯罪，并对网络空间安全力量建设做出积极规划。

（二）建立和加强网络空间管理的国家体制与力量

健全政府网络空间管理职能。奥巴马政府上台后，美国即设立国家网络安全办公室，其主任为总统网络事务协调员，直接参与国家安全会议。英国也随后成立了网络安全办公室（Office of Cyber Security）和网络安全行动中心（Cyber Security Operations Centre）。前者负责协调政府各部门网络安全计划，后者负责协调政府和民间机构主要计算机系统安全保护工作，两者成为制定和执行国家安全新战略的核心部门。德国国家网络事务由联邦内政部统管，在宏观层面上制定国家安全战略，协调各部门制定网络事务政策。欧盟在2011年6月宣布成立“计算机应急情况反应小组”，负责保障包括欧盟委员会、欧洲议会、地区委员会、经济和社会委员会等欧盟主要机构在内的计算机网络安全。日本在信息技术战略本部设置信息安全政策委员会，负责战略决策咨询与长期计划制定。2011年4月，印度出台的《国家网络安全政策（National Cyber Security Policy)》（草案）由12个关键政府部门共同完成。

将网络空间安全纳入政府业务部门的日常职能。美国国土安全部对国内网络安全事务负总责，包括网络恐怖主义、关键基础设施防护、组织国家网络安全演习；联邦调查局、司法部负责打击网络犯罪；商务部负责网络空间的知识产权保护；交通部、能源部、财政部参与相关关键基础设施的防护；国家安全局负责国外网络空间情报侦察，并在国防部领导下，与军方一起负责美军军用网络安全防护及对他国网络的攻击。印度信息技术部（DIT，Department of Information Technology）是印度《国家网络安全政策》的主要执行机构，国家信息委员会（NIB，National Information Board）、国家危机管理委员会（NCMC，National Crisis Management Committee）、国家安全委员会秘书处（NSCS，National Security Council Secretariat）、内政部、国防部和电信部等都有广泛参与。德国国家网络防御中心由联邦信息技术安全局负责，国防部、联邦宪法保卫局及联邦民众保护和灾害救援局等机构的专家参与其中。日本内阁秘书处设立的国家信息安全中心（National Information Security Center），是内阁在信息安全领域的执行部门。

加快网络空间立法与执法。2011 年 3 月，在遭受大规模网络攻击之后，韩国政府拟要求国内所有电脑用户购买“反僵尸软件”；马来西亚修订《印刷及出版法令》，计划将网络媒体纳入网络管制范围；印度 4 月出台的《国家网络安全政策（草案）》强调发展本土信息技术产品是国家信息安全措施的重要组成部分；日本 6 月正式通过了《刑法》修正案，对不正当编写、散布、获取、持有计算机病毒以及通过电子邮件大量发送猥亵图片等行为做出了刑事制裁规定。澳大利亚6月公布了《反网络犯罪法案》，以应对全球黑客攻击和网络犯罪威胁。英国7月成立了国际网络安全保护联盟（ICSPA），与欧洲刑警组织合作，建立战略伙伴关系，提升各国对网络犯罪行为的反应能力。

依托军队和情报机构组建网络空间攻防力量。美国的网络空间攻防力量主要来自美军战略司令部下属的网络司令部。英国网络安全办公室工作人员来自军情五处（MI5）、军情六处（MI6）和其他政府机构，其相关安全部门正在发展对敌方发动攻击的能力。德国、法国等国家网络安全力量都有国防部门的积极参与。澳大利亚2010年在国防部框架下新建国家网络安全行动中心。2011年初，伊朗成立了网络警察部门，主要是打击利用互联网从事间谍及破坏活动；3月中旬宣布建立“网络部队”，承担反击来自别国的网络攻击并摧毁“敌网”的任务。4月，韩国国防部宣布将网络司令部提升为直属机构，并将该机构人数增加一倍，以便在应对黑客攻击的同时实施网络攻击作战。5月，日本宣布建立一支专门的网络空间防卫队，负责收集和分析研究最新的病毒信息，并进行反黑客攻击训练；8月，日本政府批准了年度《防卫白皮书》，强调自卫队应对网络攻击的必要性，提出有必要提高自卫队情报系统和通信网络的防护能力。

（三）重点发展网络空间态势感知能力

网络空间态势感知是网络空间行为监控、网络犯罪取证、网络情报刺探、网络入侵检测甚至是网络攻防作战的基础，是当前所有网络空间安全问题的关键。对此，多数国家主要从技术和管理上强化这一方面的能力。

在技术上实施重大关键基础设施防护项目。2011 年 2 月，美国国土安全部宣布加快部署“爱因斯坦Ⅲ”系统，强化网络空间安全态势感知能力。3 月，美国国防部再次增加 10 亿美元用于网络安全，包括国防部网络犯罪中心、网络司令部和科技网络工具等方面的投资。6 月，国家安全局推出了一项名为“网络飞行员”的项目，计划与大型网络运营商合作，过滤网络流量，防止针对国防工业基础、关键基础设施的网络攻击。2 月，英国宣布斥资 3000 万英镑开展网络监控，预防网络犯罪。

在管理上出台规范网络空间行为的政策和措施。美国在《国防部网络空间作战战略》中首次提出网络卫生的概念，规定所有用户必须安装安全软件，保持操作系统的实时更新，督促一般用户和管理员采用有效的配置管理。2011 年 1 月 7 日，美国商务部宣布成立网络安全执行办公室，并于 4 月份出台了《网络空间可信任身份标识国家战略》，计划实现美国网络空间身份的可信管理，谋求构建全新的网络空间生态环境。8 月，德国一些政治人物针对挪威“天堂杀手”嫌犯布雷维克在互联网上散布极端言论和袭击计划，呼吁实行网络实名制，以加强互联网监管。9月，美国政府授权美国联邦通讯委员会拥有监管互联网服务提供商的权力。

（四）围绕网络空间国际行为准则展开合作与竞争，在网络空间这一新的国际领域制定行为准则，是当前所有国家关心的主要问题

围绕这一问题，各国的合作与竞争，为网络空间国际行为准则的形成进行着实践与理论上的积累。

美国与俄罗斯共同强调国家的主体地位。2011年4月27日，俄罗斯罗蒙诺索夫莫斯科国立大学信息安全学院与美国东西方研究所安全专家首次就20个关键网络安全术语达成了统一定义。[①] 但总的来看，这些过于强调国家主体的理论研究，与网络空间的多元主体现实相比，显得有些狭隘。

各国在网络空间的国家属性问题上存在分歧。2011年9月22日，美俄的情报与强力部门在叶卡捷琳堡集会。俄罗斯向与会者提交了《保障国际信息安全》的公约草案。[②] 该公约禁止将互联网用于军事目的，禁止利用互联网推翻其他国

① 参见美国东西方研究所网站，http：//www. eui. info/cybersecurity-terminology-foundations。

② 叶莲娜·契尔年科：《俄罗斯指出保障互联网安全的办法》，载俄罗斯《生意人报》，2011年9月23日。

家政权，同时各国政府可以在本国网络中自由行动。而美国则不承认各国有属于自己的网络空间，不认为破坏他国网络空间的新闻检查是干涉别国内政，并将网络自由看做是人权的一部分。由于网络在2011年的西亚、北非国家动荡、欧洲主权债务危机引发的社会动荡等重大事件中发挥了重要作用，各国存在着对网络空间国家属性问题的激烈争论。

网络空间国际行为准则在双边或多边框架下正在逐步构建。2011年5月，法国在正式召开G8峰会之前，第一次组织了G8电子论坛，商讨国际互联网问题，极力推动国际互联网监管，提出建立国际互联网法规。7月20日，美国和印度签署网络安全谅解备忘录，确定两国政府将交流共享重要的网络安全信息和经验。9月12日，中、俄、塔吉克斯坦、乌兹别克斯坦联合向66届联合国大会提交《信息安全国际行为准则》。[①] 9月，美、澳两国首次将“网络战”列入两国共同防御条约，明确“二者之一受到网络攻击，两国都将共同采取行动予以防御和反击”。这是国际社会中首次把网络战列为双边防御条约的一部分。11月1—2日召开的伦敦网络大会，是2011年网络空间领域国际合作的核心大事。该大会议题开放，参与主体广泛，成为广受各国认同的交流平台。但会议在推动国际合作的同时，也出现一些不和谐的言行，比如英国在网络黑客问题上公开指责俄罗斯与中国，有关国家也试图控制会议议程。

① 参见中国外交部网站，http://www.fmprc.gov.cn/chn/pds/wjb/zzjg/jks/fywj/t858317.htm。

三、网络空间发展对国家安全的影响

全球网络空间的发展对国际政治与国家安全影响的深远程度将超出目前人们想象。依据现有的事实，这里仅提出以下几个方面的趋势。

（一）国际政治走向复杂化，国家安全决策压力增大

全球网络空间自然分割为以下六大区块：（1）欧美国家和澳洲地区；（2）东欧俄罗斯等斯拉夫语系地区；（3）东亚、东南亚大中华圈地区；（4）中亚、南亚、西亚与中东地区；（5）中南美洲地区；（6）非洲地区。[①] 在全球网络空间中，各区块内部联系紧密，各层次主体互动频繁；区块之间则存在结构性矛盾，危机冲突不断。这种区块分割，一方面源自区域内思想、文化和价值观的相似性，另一方面源自区块内外现实利益的联系与冲突，在一定程度上体现了世界地缘政治的基本面貌。网络空间区块内外的斗争与现实的政治、军事甚至经济领域冲突相互交织，使得网络空间成为国际政治斗争的重要领域。而国际网络空间的多极格局与行为

① 非洲地区的网络空间对外有很强的依赖性。

体的多元化，则必然导致国际政治复杂化。在此条件下，当危机事件发生时，参与主体的范围与层次扩展，危机触发因素增多，危机门槛下降，危机发生的时间点不可预测，危机影响不可控。同时，国家决策者面对的决策环境相对混乱，公众舆论对决策的影响力增强，快速决策成为一种客观要求，导致领导人决策压力上升，国家战略决策水平下降。

（二）不同国家发展模式的共生性竞争，可能成为国家安全选择的一个基本方向

多极化的世界应该是全球多种国家发展模式并存、互相竞争的世界。传统的欧美模式并不完美，新兴国家发展模式并不完善。多种国家发展模式共存才能促进相互之间的兼容并蓄、协同进步，并为世界各国共同安全这样一种新的国家安全模式提供可能。目前，能源枯竭、粮食短缺、环境保护、核武器削减、外太空安全、大规模杀伤性武器扩散、恐怖主义、世界经济发展失衡、国际金融危机等一系列严重问题，表明各种传统的国家发展与安全模式正面临危机。在这种情况下，人们可以依托网络空间挖掘国家潜力，创新解决方案，提升国家能力，充分发挥不同模式的优势，形成多国互补的合力。其中，发达国家更有责任在国家安全领域创新战略思维模式，放弃谋求单方面或者片面集体安全的战略选择，充分尊重并借鉴其他国家发展模式的优点，利用网络空间的巨大潜力与影响力，促进全球社会共同进步、共同安

全。值得充分肯定的是，在网络空间安全问题上，美国已经意识到凭借自身的力量无法达成国家安全的总体目标。奥巴马政府的《网络空间国际战略》展示出广泛合作意向，这是向着正确方向迈出的重要一步。

（三）网络空间安全对社会安全稳定的影响深入拓展

关键信息基础设施、公共互联网是网络空间影响国家安全的核心介质。随着信息技术及其应用范围的持续扩大，国家社会生活对网络空间的依赖程度呈指数级增长，导致网络空间对社会稳定的影响不断深化。2011 年 1 月，日本高速铁路中央控制室电脑黑屏导致客流高峰时刻 8 万人无法按时乘车；3 月美国 RSA 公司被钓鱼邮件攻击后，因其客户包括全球大型军事机构、政府、各大银行等，所以在业界产生极大的恐慌；4 月份日本索尼公司 7000 万用户信息泄露，损失近 1.7 亿；2011 年，Comodo、DigiNotar 和 GlobalSign 等数字认证提供商相继发生数据泄露事件，其中知名数字安全认证公司 DigiNotar 破产；DroidDream 恶意软件导致目前全球移动应用最广的安卓系统遭受巨大打击；国际货币基金组织、花旗银行、美国证券交易所也接连受到网络攻击；Stuxnet 及其姊妹病毒 Duqu 针对工业系统的入侵，导致各国水、电、交通、能源等关键基础设施网络面临巨大风险。

这些事件显示出，社会日常生活秩序、工农业生产组织、商业金融活动等对网络空间已经严重依赖，一件很小的网络空间安全事件也可能会产生巨大的社会影响，而且这种趋势还将持续发展下去。这种依赖度和脆弱性是人类利用网络空间历史进程中所必须面对的一个悖论。

（四）国家对网络空间的管理成为国家安全的重要问题

国家对网络空间的管理应该从技术管理、应用管理和行为管理三个方面入手。国家管理的重点应该是对网络空间主体的行为管理，现行的国内法律和国际法应该基本适用。目前，国际社会对网络空间行为管理持两种不同的态度：一种认为网络空间应该完全自由、开放，另一种认为网络空间应该适度管理。

大多数西方国家属于前者，它们对中国、俄罗斯、印度等国家提出的网络空间行为管理持批评态度。中、俄、印等国家认为，自由、开放是网络空间发展的重要前提，但网络空间无限度的自由、开放在某些情况下将有损于国家、企业和民众的利益，因此必须对网络空间行为体的行为进行恰当的管理。这其中的关键是如何把握一个尺度，既不妨碍网络空间的发展，又能通过一定的管理，促进国家、企业和民众的利益最大化。事实上，英国、俄罗斯、印度、澳大利亚、韩国、日本、中国等国都在探索构建网络空间监管机制，英国在伦敦动乱中适度的网络空间行为管理也被认为是合理、合法的。少数国家提倡网络空间完全开放和网络行为的完全自由，实际上存有干涉别国内政的政治目的，这不可避免地使网络空间行为管理演变成一个国家安全问题。

（五）网络空间军事化趋向隐藏巨大风险

各国情报部门利用网络空间大搞军事情报活动已是公开的事实。美英两国在国家层面上的网络空间安全力量主体也是相关情报与军事部门。它们受法律约束较少，易于越过网络防御这个基本底线，试探性地展开网络攻击行动。而对军队与情报部门的网络空间攻击行为，往往难以受到国家的严格监管，不排除一些个人或者集团利用网络工具谋取私利引发国际危机与冲突的可能。网络空间军事化的一个典型案例是震网病毒（Stuxnet）攻击。尽管这一病毒攻击被称为是针对伊朗的定向网络攻击，其衍生病毒（Duqu）的攻击倾向目前也未暴露出来，[①] 但它们的攻击行为所带来的级联效应是全球性的。有关国家对此高度警觉，西门子公司也在这次事件中遭受了巨大的信任危机。对此类行动的担忧，又促使相关国家展开网络空间的军备竞赛。目前，网络空间的军事化问题已经摆到了有关国家的日程上，但国际网络军控尚处于理论探讨阶段。几乎所有筹建国家网络安全力量的国家，都

① Macfee 关于 duqu 的分析档案，参见 http：//www. securityvibes. com/servlet/JiveServlet/previewBody/1427 – 102 – 1 – 1442/w32_ duqu_ the_ precursor_ to_ the_ next_ stuxnet. pdf。

或多或少地在发展自己的网络攻击力量。这种态势持续发展下去，将对全球网络空间构成巨大威胁。

四、对中国网络空间战略问题的几点思考

经过多年的发展，中国已经成为全球网络空间最重要的力量之一，而全球网络空间的安全直接关系到中国的重大国家利益。因此，中国有能力也有需求推动国际网络空间战略态势的健康发展。

（一）应当制定积极的网络空间国家战略

当前，有两个问题威胁着国际网络空间的安全发展：一是以美国为代表的部分国家试图将网络空间视作谋求国家利益的新领域，在该领域大搞单边主义，奉行事实上的网络霸权；二是基于对网络攻击现实影响不确定性的顾虑，几乎所有国家都在积极地发展网络攻击力量，建设网络攻击能力。这些问题对网络空间安全构成巨大挑战。造成这种局面有多种原因，其中的一个根本原因是国家尚未充分认清自身在网络空间能力的有限性。事实上，国际组织、国家、大型企业、非政府组织和全球广大网民都是网络空间的主体，各类主体在网络空间的利益是多元的，相互间的博弈是广泛而复杂的。由于这种多元性、复杂性远远超出人们的现实想象能

力，国家决策者往往以为国家不仅是网络空间的主体管理者，还是网络空间的主体行为者，难免产生主导网络空间的企图。而事实上，任何一个国家或者几个国家都没有办法控制国际网络空间，甚至也无法在本国的网络空间安全方面独善其身，因为一体化的属性导致网络空间安全具有全球性特征。国家决策者必须认识到，单靠技术不能解决网络安全问题，有效的国际合作才是网络空间健康发展的基本保证。

基于对国际网络空间基本属性的把握，中国作为一个负责任的大国，应当制定更为积极的网络空间国家战略，倡导国家利益必须建立全球网络空间和谐与可持续发展的基础之上，推崇网络空间全球共享的价值观，以实际的行动，谋求全球网络空间的健康发展。同时，坚决反对将网络空间当作谋取国家私利的领地、在网络空间大搞单边主义的做法。

（二）推动构建全面、广泛的国际战略互信机制

国际合作是网络空间健康发展的基本保障，而构建网络空间的国际战略互信是推动国际合作的基本前提。但目前一系列因素制约着网络空间国际战略互信的建设进程。第一，受传统战略思维的影响，大国之间在网络空间战略互信方面存在巨大隔阂。美国等西方国家一直将俄罗斯、中国视作网络空间的最大威胁，不断就网络攻击事件指责两国，而中、俄两国尚无能力拿出证据，证明西方国家的怀疑。第二，在西方国家主导下，现有的网络空间国际合作主要聚焦在网络

犯罪、黑客行为、知识产权防护等问题上，而将网络间谍、网络恐怖主义、网络战争等更为重大的问题排除在外，导致国际战略互信在低层次徘徊。第三，大型跨国企业与黑客组织被排斥在网络空间国际合作的主体之外。国际战略互信的一个基本任务应当是创建一个包括个人、企业、国家和国际组织共同参与的全面框架。第四，战略互信框架的讨论大多由发达国家主导。G20 成员国、广泛的第三世界国家应当享有充分的话语权。

鉴于网络空间国际战略互信的发展现状，中国应该积极推动建立更加广泛的国际平台，围绕增进国际战略互信，组织相关国际会议和学术活动，加强对网络空间防控经济间谍行为的立法研究，加大网络知识产权保护的投入，致力于与跨国信息服务公司建立良好关系，增强全民的网络安全意识教育，以自己的行动推动国际战略互信的不断发展。

（三）倡导将国家主权管理原则作为网络空间的基本国际准则

网络空间的国家主权管理原则与开放自由原则并不矛盾：网络空间是现实世界的映射，现实世界的国际法、国内法、相关政策规定应当基本适用于网络空间的行为主体；网络空间是虚拟的，但其行为主体也应当为其在虚拟空间的行为承担现实的责任；网络空间是自由开放的，但其并不能因此而超越国家的政策、法律，成为一个无法无天的领域；网络空间安全在一定程度上要依靠技术的不断发展进步，但网络空间的国家主权管理更是一个必不可少的关键因素。

美国是不承认网络空间国家属性的主要国家。但美国在要求其他国家开放网络空间的同时，却采用各种技术和管理手段加大国家对网络空间的管理和控制，公开与大型网络服务公司合作，开展网络空间军事、经济情报活动，积极发展网络空间威慑理论，将遭受网络空间攻击视作对现实世界的攻击，宣称可以采用物理手段打击有关国家。美国的网络霸权主义应该对当前网络空间军事化倾向负责，对当前网络空间国际合作的复杂与低效局面负责。任何国家都不应该谋求网络空间的国家主导优势，而应当尊重网络空间的国家主权管理原则，并在此基础上寻求网络空间的国际合作，共同促进国际网络空间的健康发展。

（四）为国际网络空间的安全发展提供自己独到的经验

中国在网络空间的影响力是全方位的，因此也可以为国际社会提供各方面的借鉴。比如，中国有独特的网络空间国家管理模式。这种中国模式的特点在于对网络空间管理标准的平衡把握，即：中国一方面不完全依靠纯技术手段解决网络空间安全问题；另一方面也不过度强调国家管理，走向自我封闭的极端。中国在这方面的经验可以为世界提供借鉴。比如，中国在网络空间技术上有着自己的创新。中国已经在下一代互联网、下一代移动通讯、量子通信、云计算等方面有了相当的技术进展。这些新技术对于推动信息化社会的健康发展和全球网络空间的安全具有重要意义。比如，中国在网络空间技术的全球供应链上扮演着重要而积极的角色。中国既是网络空间相关技术的生产商，也是最终客户。正是中国在网络空间技术的全球供应链上的这种特殊地位，使中国能够正确地认定网络空间具有全球性，所有国家应当共享全球网络空间。中国可以与国际社会一道，共同推动该价值观深入发展。比如，中国在全球网络空间国际合作问题上有着理性、负责的态度。中国承认欧美国家在网络空间的领先地位和作用，强调网络空间国际合作的多元性。在与世界上所有国家合作的过程中不掺杂政治目的，强调与国家、企业，乃至个人的全方位合作是网络空间战略态势健康发展的基本前提，这些重要的理性认识对于推动网络空间的国际合作具有积极的意义。

国际反恐怖斗争形势分析

庞宏亮*

2011 年是国际反恐怖斗争具有分水岭意义的一年。主要标志是，美国出台了新的反恐怖战略，宣告2001 年由美国开启的全球反恐怖时代的终结。但是，受诸多因素影响，国际社会与恐怖主义之间的斗争还远未结束，国际反恐怖斗争依然任重道远。

一、目前国际恐怖活动的主要特点

2011 年，国际反恐怖斗争取得了一些较大的成就：本·拉登与新任“基地”组织二号人物阿提亚·阿布德·拉赫曼分别在巴基斯坦被击毙，西班牙“埃塔”以书面和录像方式宣布该组织将永久放弃武装斗争，① 印度等国发生的恐怖活动大幅下降等等。但同时，受地区政治、经济和社会动荡等因素影响，国际恐怖事件的总数量在经历两年左右的短暂下

* 庞宏亮，国防大学战略研究所研究员。

① 埃塔是西班牙巴斯克人居住区内的武装分离主义组织。30 多年来，该组织用暗杀、绑架和爆炸等手段夺走近千人的生命，欧盟和美国将其列为恐怖组织。

降后，再度强劲反弹，出现了莫斯科多莫杰多沃机场爆炸、巴基斯坦边防军训练中心遭自杀式炸弹袭击、驻尼日利亚首都阿布贾的联合国机构大楼遭汽车炸弹袭击、包括前总统布尔汉丁·拉巴尼在内的多名阿富汗和巴基斯坦高官遇刺、挪威于特岛枪击案等一系列重大恐怖事件。这些恐怖活动，主要呈现出以下特点：

（一）报复性恐怖袭击急剧增长

本·拉登5月2日被美军击毙后，一些相关的激进组织扬言对美国进行报复。巴基斯坦塔利班在次日即宣称，如果证实拉登成为烈士，我们将发动报复，袭击美国和巴基斯坦政府及其安全部队。“基地”组织在6日发表声明，证实其领导人本·拉登已死亡，宣称将继续武装斗争，对美国及其包括巴基斯坦在内的盟国实施报复行动，并呼吁巴基斯坦的穆斯林民众反抗当局以消除耻辱。[①] 7日，阿富汗塔利班发表声明，称本·拉登的牺牲将提升阿富汗塔利班武装人员士气，鼓舞他们向美国和北约驻阿富汗部队发动圣战。[②] 该组织早先发动的代号为“巴达尔”的春季攻势从此也多少带上了报复的意味。随后，“基地”组织的伊拉克分支和阿拉伯

① 王丰丰、杜静：《美国总统说美将按期从阿富汗撤军》，新华网，2011年5月7日，http://news.xinhuanet.com/photo/2011-05/07/c_121388459.htm。

② 闫亮、章建华：《阿富汗塔利班称本·拉丹之死将鼓舞其士气》，新华网，2011年5月7日，http://news.xinhuanet.com/mil/2011-05/07/c_121389287.htm。

半岛分支先后于9日、11日通过互联网发表声明，称将针对美国及其盟友展开报复行动。[①]

5月13日，巴基斯坦塔利班在该国西北部一个边防军训练中心附近实施了两起自杀式炸弹袭击。而此前，该组织已经很久没有针对军方和政府部门发动如此猛烈的袭击。这也是本·拉登身亡后的第一起报复性恐怖活动。随后由塔利班、“基地”组织及其分支、其他一些极端组织发动的恐怖袭击此起彼伏，导致2011年全年恐怖活动数量飚升。

（二）中亚成为恐怖主义活动新灾区

2010年下半年以来，随着恐怖袭击的接连发生，中亚国家较长时间以来的平静被打破，地区反恐怖形势不容乐观。正如联合国中亚地区预防外交中心主任延恰所说，“中亚地区正在迅速成为全球反恐怖战争的主要前沿阵地”。[②] 面对日益严峻的形势，联合国发起一个新计划，帮助中亚五国建立地区性的反恐怖战略以应对恐怖主义。但从2011年的形势来看，中亚恐怖主义活动的势头并未被遏制，甚至还有愈演愈烈之势。一方面，一些中亚国家政治、经济和社会局势长期

---

① 王秋韵、尹炣：《也门“基地”组织扬言为本·拉丹报仇　欲发动报复袭击》，新华网，2011年5月11日，http://news.xinhuanet.com/2011-05/11/c_121405750.htm。

② 王湘江、顾震球：《联合国帮助中亚5国加强反恐怖战略》，新华网，2010年9月8日，http://news.xinhuanet.com/world/2010-09/08/c_12528423.htm。

紧张，尤其是吉尔吉斯斯坦的反政府革命和乌兹别克斯坦、塔吉克斯坦的内部冲突，加剧了这一地区的不稳定局势，为地区恐怖主义的扩张提供了可乘之机。另一方面，在美国持续的打击之下，一部分与阿富汗塔利班和“基地”组织并肩作战的极端组织成员再次潜回国内，导致乌兹别克斯坦等国恐怖威胁上升。此外，哈萨克斯坦参与美国反恐怖战争也带来一些严重后果。2011 年 5 月，哈议会批准向阿富汗出兵后，塔利班立即发出暴力袭击威胁。随后该国首都和西北部的一个城市就发生了自杀式爆炸袭击。长期以来被认为是中亚最平静国家的哈萨克斯坦，从此也陷入严重恐怖威胁之中。受地区政治、经济、社会条件等因素的影响和反恐怖能力的限制，中亚恐怖主义很难在短期内消除，中亚已成为新的恐怖活动重点区域。

（三）“独狼”式袭击上升为西方发达国家的主要恐怖威胁

由本土公民或居民自发实施的“独狼”式恐怖袭击事件，较早之前就在一些发达国家出现过，但一直不成气候，也不大为国际社会所关注。但近三年来，这种“独狼”式恐怖袭击在一些西方发达国家反复出现，并从原来偶有为之、随意为之的松散状态，演变为一种有着一定意识形态背景的重要恐怖活动样式。美国奥巴马政府 2010 年发布的《国家安全战略》承认国内激进分子对美国构成威胁。2011 年 1

月，美国司法部承认，近两年针对美国的恐怖事件频繁发生，为“9·11事件”以来事态最为严重的时期，并且美国土生土长的恐怖分子已成为反恐怖的主要对象。2月，美国国土安全部长珍妮特·纳波利塔诺进一步指出，“本土恐怖主义对美国国家安全构成的威胁正在加剧，美国须调整反恐怖策略以适应不断变化的新形势”。[①] 在6月底公布的《国家反恐怖战略》中，美国政府将本土恐怖分子作为与“基地”组织并列的打击重点，首次将本土作为反恐怖努力的最重要战场。这一局面的出现并非偶然。事实上，“独狼”式恐怖袭击在西方成为一种主要的袭击样式，在相当程度上可以看作是国际恐怖主义的一种演化。“9·11事件”之后，由于国际恐怖组织很难正面突破美国等西方国家建立起的情报和安全网络，便转而通过各种手段煽动西方国家公民接受其意识形态，促使其发动恐怖袭击以表达自己的政治诉求。这些袭击不需要太多的事前计划和协调，袭击者本人与“基地”组织很少或根本没有直接的接触，而合法的公民或居民身份又为行动提供了掩护，因此袭击的成功率和影响都比较大。

除美国外，欧洲国家也遭受着日益严重的“独狼”式恐怖袭击。英国皇家三军研究所负责人迈克尔·克拉克2010年指出，今后五到十年内将有大约800名在坐牢期间变得激进的刑满释放人员，他们出狱后可能会跟入狱前一样义无反顾地投身于圣战。英国情报部门2011年评估认为，大约有

① 杜静：《美国国土安全部长强调本土恐怖主义威胁》，新华网，2011年2月10日，http://news.xinhuanet.com/mil/2011-02/10/c_121061484.htm。

2000 名在英国生活的伊斯兰恐怖分子正积极策划发动某种恐怖袭击，其中至少有 200 人可能实施自杀式袭击，且这一数字只是保守估计。不论如何，“独狼”式恐怖活动将给相关国家造成严重的威胁和伤害，挪威公民安德斯·贝林·布雷维克一人实施的令人发指的奥斯陆爆炸案和于特岛枪击事件充分说明了这一点。

（四）恐怖分子类型日益多元化

2011 年 7 月 22 日，挪威首都奥斯陆市中心遭炸弹袭击。袭击者随后又流窜到于特岛对正在岛上活动的夏令营营员实施血腥屠杀。两起事件造成 76 人死亡，多人受伤。这是自第二次世界大战结束以来挪威境内发生的最为严重的暴力袭击事件。然而，出人意料的是，这起震惊世界的袭击事件的发动者是一个经济状况良好的金发碧眼的挪威社会中层市民。这一事件再次表明，实施恐怖活动的人员已远非人们心目中的宗教极端分子，其构成已呈现出明显的多元化特征。2010 年 9 月，美国非营利组织“两党政策中心”推出的一份报告指出，美国所面临威胁的一个转变是，美国境内伊斯兰圣战分子及其所属团体的类型日益多元，并且其无法归类为特定的种族或者具有特定的经济社会地位和教育背景。同年 11 月，英国伦敦警察局局长保罗·斯蒂芬森警告，政治家在未来几个月审查反恐怖立法时，必须意识到从伊斯兰极端分子、叛乱的爱尔兰共和军组织到右翼极端分子等多种威胁。

2011 年 4 月，欧盟刑警组织在年度反恐怖报告中警告说，虽然来自右翼极端分子的威胁看起来在减弱，但有迹象表明，他们正在扩大和传播其理念，并因此给欧盟国家带来威胁。3 个月后，警告在挪威变成血腥现实。9 月，欧盟刑警组织主席罗布·温赖特进一步指出，欧洲所面临的恐怖威胁居高不下，并呈现出多样化趋势，这些恐怖威胁主要来自极端的伊斯兰分子、分裂分子、左翼、右翼和无政府主义者。可见，恐怖分子类型的多元化已成为当前恐怖主义活动的一个基本现象和特征。

二、国际恐怖主义发展的基本走向

2011 年，美国反恐怖战略的调整、西亚北非政局变动以及国际金融危机的延续等重大事件，不同程度地影响着国际恐怖主义的走向。

（一）国际恐怖主义仍将长期存在

本·拉登于 2011 年 5 月 2 日被美军击毙，这是美国反恐战争的一次重大胜利。但这并不意味着国际恐怖主义将走向消亡，甚至也不意味着“基地”组织会在短期内消亡。首先，本·拉登之死对“基地”组织的影响有限。“9·11 事件”后，“基地”组织在美国的持续打击下不断遭遇重创，逐渐演变成一个藏匿于世界各地的松散组织网络，各个分支相对独立，在阿富汗的“基地”组织的运作实际上也是由二号人物扎瓦赫里负责，本·拉登生前对“基地”组织的实际影响力非常有限，只是一个象征性的精神领袖。所以，本·拉登之死更多的是从心理上给“基地”组织以沉重打击，但不会导致该组织的全面解体。其次，“基地”组织的网络具有很强的社会适应能力。在美国反恐战争压力下，“基地”组织不断向南亚以外的地区扩散，其分支和成员分布在70多个国家。他们根植于当地贫困动荡的社会环境之中，常常能够获得当地民众的认同，因此难以打击，难以根除。最后，也是最为根本性的问题是，美国在短期内无法消除其与中东伊斯兰极端主义之间的结构性矛盾，从而为恐怖主义的生长提供了最为重要的的国际条件。诚如一位美国学者分析的，“只要美国的生活方式依然依赖对大量外国石油的获取，美设法决定大中东地区的做法就将继续。而那些反对西方建立一个服务于西方的新中东的伊斯兰极端主义者也将继续战斗下去”。①

总之，击毙本·拉登并未改变恐怖主义存在的基本条件，对“基地”组织如此，对于其他许许多多的极端组织、恐怖组织也是如此，国际恐怖主义在未来很长一段时间内仍将继续威胁世界安全。

---

① 《美报：美“反恐怖战争”重点不在拉丹在石油》，新华网，2011年5月6日，http：//news. xinhuanet. com/2011 –05/06/c_ 121384137. htm。

（二）美国的阿、伊战略调整可能导致两国反恐形势恶化

至2011年底，美国从伊拉克撤离了全部驻军，并从阿富汗撤出一万名美军士兵。按照奥巴马总统宣布的撤军计划，2012年夏季结束前还将从阿富汗撤离部分美军。届时，在阿富汗的美军兵力将恢复至2009年年底美国宣布增兵之前的规模。从两国撤军是美国国家安全战略调整的重要组成部分，其实施标志着美国结束反恐战争进入实质性阶段。

鉴于深刻的国际、国内背景和多种现实因素的影响，美国从这两个国家撤军的政策已经确定。过去，在美军高压下，尽管阿富汗、伊拉克暴力恐怖活动和冲突一直没有停止过，但两国在一定程度上保持了稳定。一旦美军大规模撤离，阿、伊政府对国家的控制力将不可避免地下降，甚至一些地区会形成权力真空，阿富汗塔利班、“基地”组织势必会卷土重来，并可能导致新一轮的暴力恐怖活动。美国情报部门2011年11月指出，“基地”组织伊拉克分支一直表现出惊人的复原能力，该组织一周实施30多次攻击，每4到6周发起一次大规模的袭击，疲弱的伊拉克经济使许多年轻人更容易被拉拢为其新成员。目前，伊拉克当地人充当自杀性炸弹袭击者的人数大幅增加。美军驻伊拉克部队最高发言人杰弗里·布坎南表示，“基地”组织在伊拉克的分支网络有

大约 800 至 1000 人。[①] 从伊拉克安全力量实力看，伊政府在未来恐怕很难应对如此规模的恐怖威胁。阿富汗未来可能面临更为严重的安全挑战。由于美军是在阿富汗安全力量不足的情况下匆忙撤离，这将在一定程度上给阿富汗留下诸多安全真空，并造成当地安全形势恶化。对此，美国战略与国际问题研究中心在6 月 20 日发表的一份报告中指出，阿富汗战争并不像一场已持续 9 年多的战争，而更像一场持续一年的战争连续重来了 9 次。每年都是一样的“剧情”：先是联军取得进展，但塔利班会卷土重来。[②] 未来一旦美国根据国内的政治需要撤走大部分驻阿军队，阿富汗的反恐怖形势可能会大幅恶化。

（三）西亚北非局势变动有可能从根本上抑制恐怖主义泛滥

从 2010 年底开始，西亚北非地区接连掀起反政府抗议风暴，突尼斯、埃及、利比亚、也门等国家长期执政的领导人均被推翻。叙利亚目前也是国内动荡，现政权前景不容乐观。从发展趋势看，这场冲击整个地区的政治动荡将对国际政治和国家安全产生多方面的深刻影响，甚至国际恐怖主义

---

① 《美媒：美忧“基地”在伊拉克掀恐怖浪潮》，新华网，2011 年 11 月 8 日，http：//news. xinhuanet. com/world/2011 - 11/08/c_ 122249165. htm。

② 魏岳江：《阿富汗战争 10 年 美军身陷反美武装多变战术》，《北京日报》，2011 年 7 月 6 日。

也可能因此而改变方向。

短期看，西亚北非变局给“基地”等恐怖组织提供了壮大势力的土壤。由于这些国家动荡、贫困与不满的社会生态仍将持续相当长的时间，“基地”等恐怖组织自然获得了发展的空间与机会。萨达姆倒台后，“基地”组织在伊拉克的迅速发展就是很好的例证。埃及总统穆巴拉克下台后，奉行原教旨主义的萨拉菲派穆斯林的日趋活跃和西奈半岛武装分子的蠢蠢欲动也说明了这一点。另外，由于美国在阿拉伯地区构建的反恐怖合作体系随着西亚北非政权的更迭而动摇、瓦解，原来受到强力压制的极端思想和极端行为开始走向活跃。因此，与各国动荡相伴随，恐怖主义短期内在该地区可能加剧。

普通民众走上凶险的恐怖主义道路，往往是由于对自身利益诉求实现的绝望。但是，如果有一条更好的道路能使自身的利益诉求得以充分表达，恐怖主义还会得到民众的支持吗？激进分子、极端分子、恐怖分子还会继续进行恐怖主义吗？在伊斯兰民众占主体的西亚北非国家，趋于温和的伊斯兰党派在 2011 年的成功选举为他们指出了一个明确的方向。尽管未来的路还很长，但它至少表明，对生存、发展、民主和自由的利益诉求，可以通过相对温和的政治方式得以表达和实现，暴力恐怖方式不是唯一的选择。事实上，本·拉登从未赢得大多数穆斯林的支持，其行为和主张也经常遭到来自伊斯兰世界的挑战。未来若是温和政治势力在西亚北非国家获得普遍性胜利，无疑是对国际恐怖主义的釜底抽薪，那时其将面临着一次真正的生存危机。

（四）国际金融危机诱发欧美极端主义抬头

目前仍在持续的国际金融危机和世界性的经济振荡，使各国民众生活水平和福利待遇下降，社会不公平问题日益尖锐，并与原有的种族、民族、宗教等各类矛盾交织在一起，引发了社会的动荡。那些生活在底层的社会群体在极度失望的情况下，往往以暴力、甚至恐怖手段表达自身诉求。2011年8月上旬，英国伦敦爆发了多年罕见的大骚乱，多辆警车被焚毁，多家商店被砸抢，8名警察受伤。这场骚乱的策源地托特纳姆区，失业率最高，人们生活贫困，多种族混居且种族关系紧张，再加上英国政府的福利削减政策，这些因素使得该地区成为一个随时可能爆炸的火药桶。不仅在英国，欧美的其他一些国家2011年也发生了多起类似的社会动荡。

更为严重的是，经济危机可能导致各类极端主义思想抬头。2011年1至8月份，仅德国柏林就有超过300辆停在街头的高级车被纵火烧毁，纵火者中有一部分是德国左翼极端分子。而德国极右翼政党国家民主党现在也日益活跃，并在9月的柏林州选战前夕，明目张胆宣扬纳粹意识形态，其宣扬纳粹大屠杀的竞选海报将矛头直接对准穆斯林，震惊了整个德国社会。[①] 实际上，随着经济危机的持续，一些极端主

① 青木：《德宣扬大屠杀海报竟被称合法》，《环球时报》，2011年9月9日。

义政治思潮在欧美不断蔓延，并可能催生国内的极端主义和恐怖主义势力。早在2009年，俄罗斯安全总局维护宪法体制与打击恐怖主义局局长阿列克谢·谢多夫将军就曾指出，金融危机就像催化剂一样，可能激发恐怖主义和极端主义，使不同政见者、独立反对派、青年组织和大学生组织从事暴力活动。①

三、对中国参与国际反恐怖斗争的有关思考

近年来，经过国际社会的共同努力，国际恐怖势力的活动能力受到削弱，活动空间受到挤压，国际反恐怖斗争不断朝好的方向发展。但同时，一些恐怖组织仍很活跃，并根据形势变化不断调整战略战术，而南亚、中亚、西亚、北非的一些国家则因为内部动荡，反恐怖能力和意愿下降，国际反恐怖形势总体上依然严峻。对于深受恐怖主义危害的中国，面对国际反恐怖形势的新变化，仍应坚持标本兼治的基本原则，与国际社会一起，重点在缓和地区与国际紧张局势、消除贫困和加强反恐怖合作三个方面开展工作，努力铲除恐怖主义。

---

① 《俄安全局：金融危机或将引起全球极端主义和恐怖主义》，俄新网莫斯科2009年4月15日电，http：//rusnews.cn/eguoxinwen/eluosi_ anquan/20090415/42457895.html。

（一）推动联合国《全球反恐怖战略》全面实施

2006年9月8日，联合国大会一致通过了旨在协调和加强联合国各个成员国在全球范围内打击恐怖主义势力的《全球反恐怖战略》。这是联合国所有成员国第一次就打击恐怖主义的全球战略达成一致意见，是联大首次确立的一个全面反恐框架。该战略在近年全球反恐斗争发挥了重要作用，至今仍被认为是国际联合反恐怖的战略框架和实用指南。中国作为该战略制定与实施的重要成员国之一，应在维护该战略权威性同时，不断推动其全面实施。

一方面，应推动解决全球反恐怖的一些基本问题。“恐怖主义”的法律定义是国际反恐领域长期悬而未决的问题，是制约国际反恐合作、导致反恐“双重标准”的基本因素之一。长期以来，虽然国际社会在恐怖主义是严重刑事犯罪方面达成了共识，但由于恐怖主义涉及政治、经济、文化、种族等多个方面，各国从自身的政治利益出发，对不同的恐怖势力采取不同的标准和政策。因此，至今也没有一个国际公认的恐怖主义法律概念。[①] 随着“后拉登时代”、“后全球反恐时代”的到来，相关国家政府、学术界、民众对恐怖主义的认识越来越理性和成熟，抓住这一机会，推动联合国加紧制定“恐怖主义”的法律定义，应当是对全球反恐战略顺利

① 李希慧：《恐怖主义的概念、特征及反恐怖立法完善》，《人民检察》，2006年第3期。

实施颇有裨益的开创性工作。

同时，应推动联合国在全球反恐怖事务中发挥主导作用。最近十年的国际反恐怖实践证明，单边反恐在相当程度上是失败的，它导致了“越反越恐”和地区动荡冲突不断的严峻局面。这一情况亟需改变。联合国作为世界性的集体安全机构，在包括反恐怖在内的全球安全问题上，有着其他机制无法替代的特殊地位和作用，占据着道义的制高点。由联合国主导反恐怖，可以最大限度地确保国际反恐怖合作的公正、公平，从而有利于协调各国的利益与政策，有利于整合全球反恐怖力量，有利于促进不同宗教、种族、文化的和平共处。可以说，联合国是全球反恐怖最为有效的机制，中国应不遗余力地与其他相关国家一起，推动联合国主导未来全球反恐怖事务。

另一方面，应推动全球反恐战略“四大支柱”的协调发展。联合国全球反恐战略确立了“四大支柱”，即消除有利于恐怖主义蔓延的条件，防止和打击恐怖主义，建立各国防止和打击恐怖主义的能力以及加强联合国系统在这方面的作用，确保尊重所有人的人权和实行法治。从近年全球反恐怖实践看，相关国家和多边机制大都把注意力集中在防止和打击恐怖主义上，对其他三大支柱的关注相对欠缺，这非常不利于从根本上铲除恐怖主义滋生的土壤。为此，应推动联合国和其他国家，共同促进“四大支柱”的全面、协调发展，特别是对恐怖主义滋生、泛滥的国家和地区实施社会综合治理，逐步消灭贫困，逐步实现社会公正，不断提高社会保障能力和教育水平，提高发展中国家的反恐怖能力，努力实现标本兼治。

（二）积极参与和加强多边国际反恐合作机制

多边国际反恐怖合作机制是国际反恐的重要平台和依托。中国应加大参与力度，与相关国家一道，强化机制功能，不断提高国际反恐合作水平和反恐效益。

推动上海合作组织加强其反恐怖机制。阿富汗是国际反恐怖的主要前沿之一，阿境内一些武装势力与“基地”组织、“乌伊运”、“东伊运”等恐怖组织有着千丝万缕的联系。深化与阿富汗政府及其国内各派力量关系，是抑制南亚与中亚地区极端思想和恐怖主义蔓延的重要举措。中国应在综合分析各种因素的基础上，考虑推动上合组织率先将阿富汗吸收为成员国，封堵西部反恐体系缺口。同时，为提高反恐行动的协调能力，应积极推动上合组织建立联合预警机制和联合执法机制，促进成员国边防部门、油气管线安全防护、打击网络恐怖主义和跨国犯罪的合作。

积极参与全球反恐论坛。成立于2011年9月、由全球29个国家和欧盟参加的全球反恐论坛，是各国在反恐领域加强交流与合作的新平台。中国宜积极参与这一论坛并发挥建设性作用。比如，可借助这一论坛推动各国对恐怖主义法律含义的共同理解，防止反恐“双重标准”在这一论坛出现；可推动国际反恐最大限度地“去政治化”，遏制“东突”极端势力在境外发展，力争引渡受到庇护的“东突”恐怖分子并使其受到法律的审判；还可推动建立打击网络恐怖主义的统一规范和协调机制，防止恐怖分子利用各国境外的站点传播极端思想和组织恐怖活动。

推动东盟地区论坛在反恐领域发挥更积极的作用。近年来，尽管在反恐方面取得了不少重要成果，东南亚国家仍无法彻底摆脱恐怖主义的威胁。同时，东南亚国家也成为一些极端势力和恐怖分子潜入潜出中国的一个主要通道。因此，中国与东南亚国家在打击恐怖主义方面有着共同的利益。兼顾各方的反恐需要，中国可考虑在东盟地区论坛中创设相关反恐怖和反极端主义的合作议题，深化各国在反恐怖情报、边境联合管控、恐怖分子的追捕与引渡等方面的合作，压缩恐怖主义在这一地区的活动。

（三）继续深化双边反恐合作

相对于多边合作，双边反恐合作更为直接和高效。针对不同方向的具体恐怖威胁，中国宜重点加强与南亚、中亚、西亚、北非等相关国家的合作，在多层面、多领域展开工作，从根本上杜绝极端思想、恐怖主义活动向国内的渗透和回流。

在宗教层面，宜以开放、自信的姿态，深化与巴基斯坦、沙特阿拉伯宗教界的交流与往来。通过学术研讨、邀请著名宗教人士来华讲学解经、资助国内穆斯林留学等措施，加强国内穆斯林宗教界人士、学者和信众与该宗教主流思想的接触交流，加强国内宗教主流思想的地位作用，抑制极端思想产生和传播。

在经济层面，宜加强对巴基斯坦、阿富汗及中亚一些国家的经济援助与投资，协助其改善贫困地区的民生和加强社会保障体系，促进其消除极端思潮存在、发展的社会土壤。

在遏制“东突”极端势力发展方面，宜加强与土耳其政府的协调，在充分认识共同利益的基础上，争取在对恐怖主义法律定义等基本问题上达成共识，防止生活在土耳其的部分中国公民激进化和极端化。同时，针对涉嫌组织恐怖活动的人员，应推动两国共同采取必要的法律遏制措施，并建立恰当的引渡合作机制。

在打击恐怖活动层面，宜继续加强与巴基斯坦军方、警方的合作，加大反恐怖援助力度。通过巴官方、民间各种渠道与巴西北部落区武装建立合作关系，表明中国的友好态度，消除误解，确保该地区部落和巴基斯坦塔利班对中国打击恐怖势力不持反对态度。

后 ECFA 时期海峡两岸政治谈判路线图探析

朱卫东*

备受关注的台湾 2012“大选”以马英九连任、国民党继续执政落下帷幕，这一结果不仅符合除民进党以外的各利益攸关方的期待，也更有利于未来四年两岸关系的和平发展。由此，一个近年来屡屡被提起的重大现实问题又一次摆在了两岸执政当局面前，即在两岸经济合作制度化、机制化基本实现的后 ECFA 时期，两岸如何与时俱进地创造条件推动开启政治议题的谈判进程，为两岸政治关系的发展提供坚实的制度化保障？

选后，大陆和台湾的两岸事务部门负责人均就这一重大问题发出了明确信号。大陆国台办主任王毅表示，要在“九二共识”求同存异的基础上，进一步聚同化异、增进互信；继续秉持先易后难、先经后政的基本思路，务实推动两岸关系循序渐进向前发展，不断为破解两岸政治、军事等方面的

* 朱卫东，中国社会科学院台湾研究所副所长、研究员。

难题积累共识、创造条件。[①] 台“陆委会”主委赖幸媛也在华府表示，“两岸政治谈判所必须的岛内共识和两岸互信等条件目前都不成熟”，有意回避拖延开启两岸政治议题的协商，并重申马英九胜选后提出的“先经济后政治、迫切的优先、容易的优先”三原则。[②] 表面上看，目前两岸政治谈判一时还难以启动，其实两岸关系“经中有政、政中有经”，开启两岸政治对话商谈的能量与日俱增，要想为下一个四年的两岸各项合作交流注入更强大的动力、提供更可靠的保障，就必须尽快改变“政治”滞后的局面。鉴此，两岸学者专家应积极建言献策，坦诚交流，塑造环境，培养氛围，为将来的政治商谈预做准备。

一、推进两岸政治对话的前期准备

不断积极营造环境条件，全力培养增进战略互信，是启动两岸政治对话的必要的前期准备，也是两岸政治谈判能否取得成果的基本前提。

---

① 王毅：《2012 新年寄语：继往开来，再谱新篇，《两岸关系》2012 年第 2 期，第 3 页。

② 赖幸媛：《两岸仍将优先解决经济民生议题》，多维新闻，http://taiwan.dwnews.com/news/2012 - 02 - 01/58561223html2012 年 2 月 1 日。

（一）积极营造有利于两岸政治对话的环境与条件

自2008年以来，两岸关系实现了历史性转折，取得了一系列令人瞩目的重大进展和突破，两岸关系和平发展也越来越成为各利益攸关方和海内外关心台湾局势发展的各界人士的共同愿望和最大公约数。但是，毋庸讳言，支撑这一发展的政治基础、社会基础和经济基础并不十分稳固。由于岛内外诸多因素的影响，特别是受岛内周期性选举政治的制约，两岸和平发展进程仍有可能因为缺乏政治商谈所达成的制度化安排而停滞不前甚至倒退。

因此，从目前的发展态势看，要营造有利于开展两岸政治谈判的环境与条件，首先是要多管齐下，逐步在岛内营造出认同、支持两岸尽早开展政治对话商谈的小气候。在这方面，台湾当局的角色与作用十分重要、不可替代，没有执政者清醒而自觉的主观推动，要想使岛内形成较为成熟的氛围将十分困难。为此，两岸应该携手行动，使岛内主流民意能够充分认识到，在两岸关系大发展、大合作背景下举行两岸政治商谈的极端重要性、必要性和紧迫性；充分认识到两岸关系发展无法永久地将政治与经济分开处理，两岸关系发展最终将取决于政治关系的进展。从而对两岸政治谈判的定位、角色和作用等方面，逐步形成岛内较为一致的共识：即两岸经贸、社会、文教关系的深入发展必须要与两岸政治关系的发展协调同步，“只易不难、只经不政”的单纯思维难以为继，“鸵鸟政策”不足以应付未来的挑战；要确保两岸关系发展在正确的轨道上行稳致远，必须要就政治议题进行商谈，以建构长久的两岸和平发展框架；两岸政治商谈无法回避搁置，台不必惧谈；越早商谈，对台湾越有利。倘若岛内社会能够形成上述共识和氛围，将必然对台湾当局产生较大的驱动力，也将能有效抑制和减弱民进党等“台独”分裂势力的反弹。在选举政治环境下，岛内社会对上述问题达成共识的成熟程度，在很大程度上决定着两岸政治谈判的进程和结果。

为此，当前及今后一个时期两岸双方应共同致力于推进“三大工程”，以加快两岸政治谈判环境和条件的培养与塑造。

一是全力加强和落实以 ECFA 为主体的两岸经济合作工程。两岸签署和实施 ECFA 是两岸关系六十多年发展史上一件具有分水岭性质的重大事件，它不仅为实现两岸经济关系正常化和经济合作机制化开辟了道路，更对两岸包括文教、政治关系在内的各个领域的全方位合作产生深远的影响。ECFA 虽然已经签署实施，但是还有大量的繁重任务尚未完成，所谓“后 ECFA 时期”并不代表 ECFA 问题的解决。对两岸而言，当前及今后一个阶段的工作重点是，全面推进 ECFA 的各项后续协商取得实质性成果，[①] 使 ECFA 的效应全面释放，特别是要让台湾的各行各业、不分地域的民众都能

---

① 王毅:《在桂林第九届两岸关系研讨会上的讲话》,《台声杂志》2011 年 2 月，第 20 页。

分享到 ECFA 的经济红利，享受到两岸关系和平发展所带来的实实在在的利益。

对于这一点，目前两岸决策者的认识趋于一致，都同意按照“先易后难，先经后政”的思路去扩大两岸的利益共同点、增强政治互信，通过加强经济合作的方式来缓解政治分歧，通过经济合作的成效来培养和扩大岛内社会赞同两岸关系和平发展的政治基础。笔者认为，这种将两岸政治关系发展寓于经济关系发展之中的思路，有其必要性，也是两岸政治谈判之前的必要准备和必经阶段。事实上，在目前情况下，两岸能够认真贯彻落实好 ECFA 就是最大的政治。尽管如此，“先经后政”的思路绝不是机械和绝对的，“先经后政”实际上是“经中有政”，[①] 不能“只经不政”，完全割裂经济与政治的关系。大陆虽然对台没有政治谈判的时间表，[②] 但若两岸迟迟不进行政治对话商谈、不发展政治关系，不仅将难以深入推进两岸经贸关系，也将难以保障两岸经济合作的成果。

二是全力扩大和深化以“三通”为主体的两岸各界交流工程。以“三通”为载体的两岸社会各界大交流，对于增进两岸民众的了解、理解，加深彼此的感情融合和利益连结，增强岛内民众的文化认同、民族认同和中国人认同，逐步培

① 王毅:《谋求两岸关系稳定发展》，中国新闻网，http: //www. chinanews. com/tw/2010/10 - 20/2601118. shtml。

② 王毅:《接受《亚洲周刊》专访》，《亚洲周刊》2010 年 4 月 4 日，第 14 页。

养两岸命运共同体意识，形塑新的认同，都具有十分深远的影响。但是，目前日益扩大和深化的两岸社会各界大交流仍缺乏足够的磨合时间，在形塑认同方面存在明显不足。要想通过两岸交流扭转岛内相当一部分民众在对大陆认识、国家认同和台湾地位前途等重大问题上的严重偏差，拆除横亘在两岸社会大众之间有形和无形的藩篱，特别是心理屏障，凝聚两岸社会的向心力，还有一段较长的路要走。不仅是两岸社会民众的彼此认知不同，即使在岛内，对于一些攸关两岸政治谈判的重大议题，朝野蓝绿的认识也存在相当严重的分歧，难以有效形成“台湾共识”。

因此，下一步两岸社会仍须全面交流与重点交流相结合，通过拓宽交流领域，丰富交流内容，创新交流形式，建构交流机制，促使两岸加强经贸、文教、社会等各层次、各领域的交流交往，以时间换空间，实现两岸社会的全面融合。鉴于岛内独特的“北蓝南绿”的政治生态和蓝绿社会基础的差异，大陆方面尤需进一步加强同台湾中南部地区、中下阶层民众、中小企业、中间势力和青少年的交流，努力使岛内民众减少偏见、误解和误判，以增加了解、理解和谅解，逐步由“三通”实现第四通“心通”。

三是全力推进和深化以“两会”协商为主体的两岸多层次对话协商工程。海协、海基“两会”协商机制是目前两岸官方和岛内社会都认可的谈判的主渠道，未来这一平台的积极作用应该充分发挥，要使越来越多的台湾民众充分认识到，两岸政治谈判像两岸经济性、事务性商谈一样无法回避，台湾不会被“矮化吞并”，也不存在什么“倾中卖台”，平等谈判是可以解决问题的，谈判的成果是全民共享的；即使是复杂的难题，两岸只要有互信和诚意，也会有智慧找到解决办法的。

由于两岸关系的复杂性，“两会”作为两岸涉及公权力协商的唯一管道仍有其局限性，必须通过其他协商管道予以补充。目前看，双方应进一步巩固和充实国共两党交流合作机制，充分发挥两个执政党交流协商管道的作用；同时加强和扩大两岸经贸文化论坛、海峡论坛等诸多功能性平台的作用，使之发展成为更有权威、更有影响、更为广泛的意见交流平台，为此，应进一步扩大这些平台的参与基础，使之具有多元性、包容性和草根性，以寻求更大的共识。笔者以为，未来有关两岸政治关系、结束敌对状态与达成和平协议问题等，均可在时机成熟时通过这些论坛进行讨论，以引领舆论，引导民意，凝聚共识。

总之，两岸通过实施上述三大合作工程，在两岸关系迈向更广、更深、更高领域和层次的发展过程中，可以逐步在岛内外营造出有利于两岸开展政治谈判的环境和条件。

此外，在外部环境塑造方面，两岸也应清醒地认识到，台湾问题之所以难以解决，是由于它不可避免地要与国际局势、中美关系、亚太形势等大环境产生复杂的互动。因此，大陆方面应充分利用不断上升的综合国力，这既包括持续加强的硬实力，也包括软实力和全球影响力，全力做好美国等国际社会的工作，让其明晓，中国作为一个和平负责任的大国，推进两岸关系和平发展乃至实现最终的政治整合，是有利于亚太地区和平稳定和各攸关方利益的。台湾方面也应以实际行动向国际社会展示，台湾是亚太和平与稳定的维护者，而不是像陈水扁时期那样的国际社会“麻烦制造者”。通过两岸合作，将外部因素对两岸政治谈判的消极负面作用降至最低。

（二）培养和增进两岸战略互信，提升台湾当局进行政治谈判的动力和意愿

培养和增进包括政治互信在内的战略互信，是马英九第二个任期内需要两岸共同努力的重要方面。这是因为：两岸之间的政治互信迄今依然较为脆弱。两岸当局现在虽然都十分重视维护彼此的互信，但客观而言，四年的合作并不能化解六十多年的隔阂与分歧。两岸目前仅仅是建立了初步的政治互信，无论是民间社会还是国共两党、乃至两岸当局以及领导人个人之间，仍缺乏足够的信任，从而制约了两岸关系向前迈进。两岸在政治上建立充分信赖的互信关系是两岸关系稳定、可持续发展的基础；不断维护、巩固与增进两岸政治互信，是两岸在政治谈判上能够达成妥协并最终解决分歧的重要保证。

因此，在目前两岸还难以就政治对话开展商谈的时候，两岸应着力培养和增进以政治互信为核心的全方位的战略互信，高度重视政治互信对两岸政治谈判和两岸关系和平发展

的重要作用，坚持双方反对“台独”、认同体现一中的“九二共识”这一两岸互信的根本基础，通过不断增进政治互信，巩固和扩大两岸关系发展的成果，通过新的发展成果累积更多、更强的互信，推动两岸关系形成良性循环、不断取得更大的发展。可以说，两岸政治互信的维护、累积、扩大和持久，对两岸政治谈判健康深入的发展至关重要。在此基础上，两岸就容易减少猜忌和担忧，就会更加自信地互谅互让，以实事求是和宽容包容的态度，妥善处理彼此的分歧和矛盾，也容易找到处理和解决问题的办法。

在增进互信的基础上，进一步提升台湾当局开展两岸政治对话的动力和意愿。从马英九第一个任期的情况看，在诸多因素的影响制约下，台湾当局缺乏自信、顾忌担心太多。由于马英九一直未能有效摆脱执政困境，施政满意度始终低迷不振，加之岛内各种选举接连不断，他很难有意愿和动力敢于在两岸政治商谈问题上冒风险。如今，马英九成功实现连任，他虽没有连任的压力，但有历史评价的压力和国民党继续执政的压力，如何使二者相辅相成取得平衡是马英九和国民党必须深思的重大问题。其实，从此次“大选”的胜选经验看，岛内民众已对马英九推行的大陆政策投了赞成票，他要想寻求历史定位留下政治遗产，理应继续在发展两岸关系上采取更为积极大胆的作为；同时，国民党要想在2016年继续执政，也应继续全力支持马英九这条与大陆合作双赢的路线。

未来四年，由于内外环境促使两岸加强合作的动力仍然强劲，以及中共十八大人事调整和马英九、国民党主导政局的能力依然较强；同时考虑到马英九第二个任期的后两年，国民党还要应对一系列选举以及马可能出现的跛脚风险，笔者认为，未来两年是开启两岸政治对话商谈的最佳时机，期望马英九方面能够把握住难得的历史契机，果断打开两岸的“机会之窗”，否则，历史留给两岸的机会稍纵即逝。

二、推进两岸政治对话谈判的路线图

鉴于目前推进两岸政治谈判仍面临诸多障碍和困难，两岸既不能无所作为，消极等待，也不能操之过急；应在继续坚持“先易后难、先经后政、把握节奏、循序渐进”既定思路的同时，“有序发展、稳定发展、良性发展”，实现“稳中有进”[①]。首先两岸应尽早通过开展各种形式的政治对话增进了解，积累共识，为将来的政治商谈预做准备，在时机环境相对成熟的时候，进一步创造条件，积极稳妥地推进两岸政治谈判进程。具体做法和基本路径包括：

① 王毅：《在广东东莞台商协会庆典上的致辞》，《台声杂志》2011 年 1 月，第 21 页。

（一）两岸学术界的“政治对话”先行，充分发挥“二轨”机制的作用

两岸政治谈判涉及时机、名称、对象、议程、内容等一系列诸多复杂敏感的问题，若事前缺乏充分沟通，单方面过急过快地推进就会欲速则不达，甚至起到相反的效果。因此，两岸应通过协商，精心设计好政治谈判的路线图，稳步有序地加以推进。作为第一步，应通过两岸学术界的民间交流就两岸谈判问题先行开展政治对话，尤其是要有计划地启动两岸具有官方背景的智库学者的对话交流。民间学者的研讨可以试探预热，引发舆论关注讨论，营造氛围；官方背景学者的实质沟通，有助于两岸准确掌握彼此的真实考虑，分清轻重缓急，找准切入点和突破口，以达到尽快寻求共识完善规划方案的目的。

应特别强调的是，要想确保两岸政治谈判能够坐下去谈起来，开局良好，进展顺利，两岸应特别重视建立和发挥二轨谈判机制的作用。这一机制应具有权威性，即由两岸官方授权指定，能全面准确地反映和代表各自当局的意见，且双向沟通顺畅。在二轨机制运作中，通过两岸指定的智库学者对彼此关心的重大问题的各自研讨，逐步过渡到双方共同探讨的阶段，在二轨机制内部不断的磨合过程中求同存异、聚同化异，从而找到双方都能接受认可的办法与方案，送交各自的决策层。在二轨协商中，可先把双方的要求或提案摆出

来，列出长名单，逐条梳理，找出分歧点和尽可能多的共同点，扩大共识，搁置和缩小分歧，做到既有利于摸清对方的意图顾虑，又能通过存异求同营造出良好的谈判气氛。协商过程尤其要突出两岸的共同利益，强调双方是伙伴而不是对手。“谈判本身就是一个不断判断、权衡和妥协的过程，讨价还价的内在本质在于，它是互为有利互相让步的追求，最终的结果是相对均衡和共赢。”①

与此同时，要继续充分发挥国共交流机制的作用。通过两党领导人的交流，为未来两岸的深层互动规划方向，通过两党中高层的机制化沟通管道增信释疑，为破解难题创造条件。从过去的实践看，国共交流机制的高端——两党领导人的见面会谈远较海协、海基两会平台的层级高、讨论的问题更为宏观、前瞻，对两岸“两会”的发展更具有实质的指导意义。试想，若没有胡连会谈、胡吴会谈的成果，“两会”不仅难以尽快恢复制度化协商，也难以在最短时间内达成解决两岸周末包机、大陆居民赴台旅游问题的共识。国共交流机制是从战略层面上规划两岸商谈的方向、议题、节奏，为“两会”实务层面商谈顺利取得成果创造条件。国共机制平台不仅可以扮演“催化剂”和“发动机”的角色，也能够发挥平衡和缓冲两岸矛盾分歧的“缓解阀”和“变压器”的功能。正如国民党荣誉主席吴伯雄所言，国共论坛与两会协商

① ［匈］涅尔基什·亚诺什：《谈判的艺术》，世界知识出版社 1992 年 9 月版，第 71 页。

的关系就像人的两只脚，只有相互交替前进才能行稳致远。①因此，未来，两岸应继续让国共机制平台在消除疑虑、扩大共识、缩小分歧、寻求双方都能接受的解决办法方面发挥更好、更大的作用。

（二）先建立协商机制，后着眼问题处理，先易后难，分步推进

从“两会”事务性商谈的经验看，尽早建立政治对话商谈的常态机制十分重要。“两会”在开启事务性商谈不久，即在新加坡汪辜会谈中签署了“两会联系与会谈制度协议”，这一制度化的安排，使得两岸关系即使在最困难的时期也未完全中断联系，并为相关具体问题的沟通处理提供了权威的管道。因此，未来无论两岸政治对话协商是否需要借用“两会”机制，亦或另起炉灶建立新的渠道和平台，建立政治谈判常态化机制的意义都是显而易见的，其作用不仅可以使议题、议程、方式等可以得到合情合理的安排，为谈判高效、可持续的进展提供制度化保障，也可以通过机制本身的权威性，引导议题进入社会大众，激发两岸广泛深入的讨论，逐步营造讨论和解决问题的社会氛围。鉴此，两岸在开启政治性议题对话协商之初，应尽快

① 吴伯雄：《国共的平台和两会的协商是相辅相成的》，搜狐新闻，http：//news. sohu. com/20081221/n261336254. shtml。

就政治对话商谈的制度化安排达成共识，并签订协议，为从易到难解决诸如台湾当局政治地位这样复杂的难题创造条件，确保未来无论两岸政治环境如何变化，两岸政治谈判的机制仍能发挥持久的作用。

与“两会”经济性、事务性商谈的进程一样，在两岸政治谈判中同样要遵循“先易后难、把握节奏、循序渐进、求同化异”的思路。对于两岸长期存在的重大政治分歧，诸如“中华民国”定位问题，仍应技术性地加以搁置，不使之妨碍两岸政治商谈可以推进的其他事情，在“求同”到一定阶段之后，才有可能“化异”；如果两岸一开始就将主要精力集中在这些核心分歧上，在目前的环境下，不仅不能缩小分歧反而会扩大分歧，使谈判很难取得进展甚至破裂。

除了要把暂时不具条件、无法处理的难题搁置以存异求同之外，两岸对于政治谈判中的任何方案设想，都应本着同理心的思维，照顾好彼此的关切，在共同点而不是分歧点上大做文章。亦即，方案设计要两厢情愿、务实可行；要有利于维护和推进两岸政治谈判的进程。两岸的任何提法和设计都要考虑到对方的接受程度，不是零和游戏而是互利双赢；任何一厢情愿、不考虑对手的做法，实际上只会干扰和破坏谈判的进程，吓跑对手。正如台湾前“国安会秘书长”苏起所言，“如果两岸都能学着用‘同情的理解’来看待对方，事事将心比心，处处互留余地，透过善意的交流与谈判，双方必可在许多领域，包括政治领域，找到可以互利互惠的地方。”① 两岸在追求和实现国家统一的谈判中必须做到原则性、灵活性和策略性的高度统一。为推动两岸商谈朝着预定目标前进，两岸都应在具体的谈判中展现新思维，表现出灵活性与妥协性，不死守教条，正视现实，敢于和善于冲破传统禁区，提出新的思想和理论以顺应现实，从而推动统一目标的早日实现。

当然，由于台湾问题的复杂性，两岸政治谈判不可能一蹴而就，其方案的选择往往具有过渡性、阶段性的特点，任何有关两岸关系过渡性的政治设计，既要有利于维护和推进谈判进程，又要避免对两岸的最终统一带来隐患、留下后遗症。

（三）从丰富充实“九二共识”出发，逐步确立处理两岸政治关系的基本框架

综合目前各方因素的发展趋势看，要想通过政治谈判一步到位地解决两岸之间的重大政治分歧几乎不可能，必须避开和搁置对诸如台湾当局政治地位等重大复杂敏感问题的纠缠和争论，立足两岸业已达成的政治基础，从容易取得共识的地方入手，通过对两岸关系的动态定位，由过渡性安排逐

① 苏起：《两岸写新页寻找最大公约数》，台湾《中国时报》，2010 年 9 月 27 日。

步实现双方共同商定的终极定位。

现阶段两岸均认同“九二共识”，并在此基础上进行了富有成效的制度化协商，因此，通过对“九二共识”的充实完善，甚至提出新的共识，寻求双方都能接受的处理两岸政治关系的暂行框架，将是一条务实可行的路径。鉴于岛内政局和两岸关系的复杂性，倘若未来一个时期，两岸能在“九二共识”基础上再往前走，即从所谓的“一中各表”明确为两岸“共表一中”或“一中共表”，直至双方达成“两岸同属一中”的法律文件，那将十分有利于处理和解决两岸政治谈判中的核心议题——台湾当局的政治地位问题。未来，两岸白纸黑字地将“两岸同属一中”载入双方达成的声明、共识、协议等相关法律文件中，应成为确立两岸政治关系框架的优先目标和基本内容。为此：

一是要进一步巩固“九二共识”在两岸关系定位中的基础作用。目前执政的国民党与台湾当局对“九二共识”是认可承认的，“九二共识”也经受了“大选”的检验，得到了多数民众的支持。正是坚持了“九二共识”，才使双方在两岸关系定位问题上达成了基本的共识。马英九 2008 年 8 月 26 日在接受墨西哥《太阳报》系集团董事长瓦斯盖兹（Mario Vazquez Rana）专访时称，“双方对于‘一个中国’的原则都可以接受，但对于‘一个中国’的含意，大家有不同的看法”。马英九对待“九二共识”的立场和态度使两岸关系有了向前发展的政治基础。因此，两岸必须十分珍视、维护这一来之不易的政治基础，“九二共识”和反对“台独”

已构成现阶段国共两党乃至两岸政治互信的根本，只有坚持和巩固这一政治基础，才能增强和扩大两岸的战略互信。

二是两岸应以新的形式明确“九二共识”的内涵。“九二共识”是两岸各自以口头方式表述的共识，不仅易被台湾方面扭曲，而且缺乏双方共同签署正式法律文件的权威性，存在明显的缺憾。自“九二共识”形成以来，由于台湾政治的复杂性和政党轮替的影响，该共识在岛内或被李登辉的“两国论”和陈水扁的“一边一国论”推翻，或被工具化甚至妖魔化，民进党至今仍不承认“九二共识”。国民党方面虽承认“九二共识”，但强调其内涵为“一中各表”。马英九对待“九二共识”的态度也随着形势的变化而变化。2009年1月，台湾“总统府”发言人在回应胡锦涛总书记在纪念《告台湾同胞书》发表30周年座谈会上的重要讲话时，更强调要捍卫“中华民国主权，维护台湾尊严”，并在“九二共识、互不否认”的基础上，与大陆展开协商与交流，[①] 正式将“九二共识”与“互不否认”相连结，旨在淡化“一中”，强化“各表”，进一步突出“互不否认”的主张。台湾当局一味强调“一中各表”，是对“一个中国”内涵的消极界定，对破解政治难题不具建设性意义。

鉴此，在目前情况下，首先应坚持原汁原味地阐释“九二共识”。即“九二共识”是双方在1992年达成的各自以口头方式表述“海峡两岸均坚持一个中国原则”的共识，其重

① 范凌嘉：《回应胡六点，政府强调“互不否认”》，台湾《联合报》，2009年1月2日。

点和共同点是坚持一中，台方将“九二共识”解释为“一中各表”并不准确。其次，强调“九二共识”的精髓是求同存异，两岸不应就此争论纠缠，在延续将一个中国的“原则”和“内涵”分开处理的同时，在坚守一个中国底线的前提下，为“一中内涵”预留协商的空间。笔者此前在不同场合多次提出，要打开两岸在一中问题上的死结，两岸首先要对“九二共识”中的“一个中国”内涵予以更为积极的界定，以建设性的态度积极面对这一问题，即，以“共识”而非“同意分歧”的方式来界定“一个中国”，实现“一个中国，共同表述”，或者“共同表述一个中国”，即“一中共表”、“一中同表”或“一中新表”。对此，两岸不少学者均赞同呼吁这一设想。尝试以新的表现形式明确“九二共识”内涵，是现有条件下两岸相对容易协商、相对容易接受的处理方式。

三是将实现“两岸同属一中”法律化作为确立两岸政治关系框架的基本内容。即，两岸政治谈判要及早在“大陆和台湾同属一个中国”问题上形成更为清晰和明确的共识，实现“两岸同属一中”法律化，为下一步的商谈奠定更为深厚的互信基础。这是因为，“九二共识”是两岸在缺乏政治互信情况下为解决事务性问题所达成的具有过渡性的政治安排，虽然它在此后的两岸关系发展中发挥了难以替代的重大积极作用，但由于“九二共识”表现形式本身的不足，使得两岸在一中问题上形成了逻辑怪圈，“一个中国”既是两岸的最大公约数也是最大的分歧点：一方面，正如马英九 2008

年8月26日在接受墨西哥《太阳报》系集团董事长瓦斯盖兹专访时强调的，“海峡双方的关系不是‘两个中国’，双方是一种特别的关系，并反对在国际上搞‘双重承认’”；另一方面又称“对北京来说，‘一中’当然是指中华人民共和国，对我们来说，‘一中’当然就是‘中华民国’，不可能有别的解释。”[①] 鉴此，未来，两岸应在继续巩固“九二共识”这一政治互信基础的同时，要为彼此找到更多的、更清晰的共同政治语言，为推进两岸关系的可持续发展提供动力。“大陆和台湾同属一个中国”这一提法不仅符合两岸的历史与现实，也未违背台湾现行的法律文件，两岸应将这一表述白纸黑字地载入两岸所达成的声明、共识、协议等相关法律文件中，实现“两岸同属一中”法律化，为建构两岸政治关系框架以处理和解决两岸重大分歧奠定坚实的法理基础。

综上所述，随着马英九第二个任期以及后ECFA时期的到来，两岸关系和平发展也将迈入新的发展阶段，开启两岸政治对话商谈，推进两岸关系制度化发展，已成为两岸无法回避的重大现实问题。对此，两岸都应从战略和长远的高度，树立新的政治思维，特别是马英九方面，应放下包袱，以对历史和民族负责任的态度敢于作为，积极作为，把握好难得的历史机遇，共同开启两岸政治对话商谈的进程，迎接两岸政治谈判时代的到来。

---

① 马英九：《马英九演讲提五不五要》，台《中央日报》，2006年5月9日。

后 记

国防大学战略研究所的年度出版物《国际战略形势分析》已经出版了十四年。十四年来，这个出版物为促进国防大学战略研究所与国内外学术界的交流做出了贡献。近年来，随着中国的发展与对外交流的不断扩大，国内外各界人士越来越渴望了解中国的战略走向和我们对国际形势及国家安全的看法。国防大学战略研究所作为中国军队重要的战略研究和对外学术交流机构之一，深刻感受到这种需求在不断扩大。为此，我们着眼于促进战略研究所的学术研究和对外学术交流，在研究借鉴国内外类似出版物并征求有关军内外专家意见基础上，对原有的《国际战略形势分析》年度出版物进行了重新设计，这就是现在大家看到的《国际战略形势与中国国家安全》年度报告。

我们的基本设想是国内外学术界同仁和广大读者提供这样的一个年度出版物：从中国国家安全的角度，分析年度重大国际国内战略形势，提出结论性的判断，并在此基础上提出相关的政策咨询建议。这样设想的一个目的，在于汇集军队、地方和国外专家对当年重大国际形势变化和重大战略问题的研究和政策分析，在国家安全战略研究领域搭建一个促进对内对外学术交流的平台。基于这样的设想，我们在出版中文版本的同时，决定出版英文版本。

当然，要达到上述设想的目的，并最终能够获得学界和读者的认可，需要经过多年的努力。《国际战略形势与中国国家安全（2011—2012）》算是这一努力的第一步。作为一个集体性作品，它是各方面共同努力的结晶。国防大学王喜斌校长、刘亚洲政委的肯定与支持，给我们设计和编辑这个出版物的同志以极大鼓舞；国防大学科研部的领导和机关的组织筹划和有力指导，则为这个出版物的出版提供了关键性的支持；国防大学战略教研部肖天亮主任、孙科佳副主任具体、及时的督促和要求，则使我们在出版物的质量上不敢有所懈怠；国防大学教学保障部、外事处则为中文版、英文版的出版发行做出了贡献；解放军外国语学院英语系吴承义副教授对翻译工作的高度负责，也让人感动和敬佩。当然，还有我们的作者，他们在寒假期间的辛苦，是这本出版物及时出版的重要保证。现在，所有人的努力都凝聚在这里了。

相信我们明年会继续共同努力，把这个出版物办得更好。

图书在版编目（CIP）数据

国际战略形势与中国国家安全/国防大学战略研究所编．—北京：时事出版社，2012.3

ISBN 978-7-80232-515-9

Ⅰ.①国… Ⅱ.①国… Ⅲ.①国际形势—分析②战略形势—分析—世界③国家安全—研究—中国 Ⅳ.①D5②D631

中国版本图书馆 CIP 数据核字（2012）第 034252 号

出版发行：时事出版社
地　　址：北京市海淀区巨山村 375 号
邮　　编：100093
发行热线：（010）82546061　82546062
读者服务部：（010）61157595
传　　真：（010）82546050
电子邮箱：shishichubanshe@ sina. com
网　　址：www. shishishe. com
印　　刷：北京昌平百善印刷厂

开本：787×1092　1/16　印张：17　字数：170 千字
2012 年 3 月第 1 版　2012 年 3 月第 1 次印刷
定价：48.00 元